Kulinarne Dziedzictwo Paleolitu

Przepisy na Zdrowe i Smaczne Posiłki

Anna Nowak

Spis treści

Grillowane steki Strips z tartym haszyszem z warzyw korzeniowych 11
Azjatycka smażona wołowina i warzywa 13
Filety Cedrowo-Deskowe Z Azjatyckim Slatherem I Slawem 15
Steki z patelni Tri-Tip z kalafiorową peperonatą 18
Płaskie steki au poivre z sosem grzybowo-dijon 20
Steki 20
sos 20
Grillowane steki z żelazka z karmelizowaną cebulą chipotle i salsą 23
Steki 23
Sałatka Salsa 23
karmelizowane cebule 23
Ribeyes z grilla z ziołową cebulą i czosnkiem „Masło" 26
Sałatka Ribeye Z Grillowanymi Buraczkami 28
Żeberka po koreańsku z duszoną kapustą imbirową 30
Żeberka wołowe z Cytrusowo-Fenkułową Gremolatą 33
Żeberka 33
Dynia Pieczona na Patelni 33
gremolata 33
Paszteciki wołowe po szwedzku z sałatką z ogórków musztardowo-koperkowych 36
Sałatka ogórkowa 36
Paszteciki z wołowiny 36
Duszone Burgery Wołowe Na Rukoli Z Pieczonymi Warzywami Korzennymi 40
Grillowane burgery wołowe z pomidorami w sezamie 43
Burgery na patyku z dipem Baba Ghanoush 45
Wędzone Faszerowane Słodkie Papryki 47
Burgery Żubrowe Z Cebulą Cabernet I Rukolą 50
Pieczeń Mięsna z Bizona i Jagnięciny na Chard i Słodkie Ziemniaki 53
Klopsiki Z Bizona Z Sosem Jabłkowo-Porzeczkowym Z Pappardelle Z Cukinii 56
klopsy 56
Sos Jabłkowo-Porzeczkowy 56
papryczki z cukinii 57

Bison-Porcini Bolognese z Pieczonym Czosnkiem Spaghetti Squash 59
Bison Chili con Carne 62
Marokańskie steki z żubra z grillowanymi cytrynami 64
Zioła Prowansalskie – Pieczona Polędwica Z Bizona 66
Duszone w kawie żeberka żubra z gremolatą z mandarynki i puree z korzenia selera 68
marynata 68
Udusić 68
Rosół z kości wołowej 71
Tunezyjska łopatka wieprzowa nacierana przyprawami z pikantnymi frytkami z batatów 73
Wieprzowina 73
Frytki 73
Kubańska Grillowana Łopatka Wieprzowa 76
Włoska Pieczeń Wieprzowa Nacierana Z Warzywami 79
Kret wieprzowy wolnowarowy 81
Gulasz wieprzowy z kminkiem i dynią 83
Polędwica Nadziewana Owocami Z Sosem Brandy 85
Piec 85
sos brandy 85
Pieczeń Wieprzowa Porchetta 88
Polędwica Wieprzowa Duszona Pomidorami 90
Polędwiczki Wieprzowe Faszerowane Morelami 92
Polędwiczki wieprzowe w ziołowej panierce z chrupiącą oliwą czosnkową 94
Indyjska wieprzowina z sosem kokosowym 96
Scaloppini wieprzowe z przyprawionymi jabłkami i kasztanami 97
Smażona wieprzowina Fajita 100
Polędwiczki Wieprzowe Z Porto I Śliwkami 101
Wieprzowina w stylu Moo Shu w kubkach sałaty z szybko marynowanymi warzywami 103
Kiszone Warzywa 103
Wieprzowina 103
Kotlety Schabowe Z Makadamiami, Szałwią, Figami I Puree Z Batatów 105
Pieczone na Patelni Rozmarynowo-Lawendowe Kotlety Wieprzowe Z Winogronami I Prażonymi Orzechami Włoskimi 107
Kotleciki Wieprzowe alla Fiorentina Z Grillowanym Brokułem Rabe 109

Kotlety Schabowe Nadziewane Eskarolą 111
Kotlety Wieprzowe Z Ciastem Dijon-Pecan 114
Wieprzowina w orzechowej panierce z sałatką ze szpinaku jeżynowego 115
Schabowy Z Słodko-Kwaśną Czerwoną Kapustą 117
Kapusta 117
Wieprzowina 117
Duszona Pierś Indyka Z Sosem Szczypiorkowym Scampi 119
Duszone Nogi Indyka Z Warzywami Korzennymi 121
Ziołowa Kotlet Z Indyka Z Karmelizowanym Ketchupem Z Cebuli I Kawałkami Pieczonej Kapusty 123
Turcja Posole 125
Rosół Z Kurczaka 127
Sałatka z jarmużu z jagodami i pieczonymi burakami 129
Zupa Z Pieczonej Marchewki Z Pasternakiem Z Orzechami Garam Masala „Grzanki" 131
Kremowa zupa z selera naciowego z olejem ziołowym 134
Sałatka z pieczonej dyni Delicata i szpinaku 137
Chrupiąca Sałatka Brokułowa 139
Grillowana Sałatka Owocowa Z Scallion Vinaigrette 142
Chrupiący Kalafior Curry 144
Neoklasyczna sałatka waldorfska 146
Grillowane rzymskie serca z bazyliowym dressingiem Green Goddess 148
Sałatka Z Rukoli I Ziół Z Jajkiem W Koszulce 150
Pamiątkowa sałatka z pomidorów i arbuza z posypką z różowego pieprzu 152
Sałatka Brukselka I Jabłko 156
Sałatka Z Ogolonej Brukselki 157
Sałatka Meksykańska 158
Surówka z kopru włoskiego 160
Kremowa surówka z marchwi i kalarepy 161
Surówka Z Marchewki Pikantnej 163
pesto z rukoli 166
pesto z bazylii 167
pesto z kolendrą 168
Sosy sałatkowe 169
Jasny winegret cytrusowy 170

Klasyczny francuski winegret 171
Dressing do Sałatek Mango-Limonka 172
Sos winegret z pieczonym czosnkiem 173
Dressing z Prażonych Orzechów Sosnowych 174
Przyprawy 175
Musztarda w stylu Dijon 176
Harissa 178
Ketchup paleo 180
sos grilowy 182
Sos Chimichurri 184
Paleo Mayo 185
Mieszanki Przypraw 187
Przyprawa Cytrynowo-Ziołowa 188
przyprawa śródziemnomorska 189
przyprawa meksykańska 190
Wędzona przyprawa 191
Przyprawa Cajun 192
Jamajska przyprawa do Jerk 193
Salsa Cytrusowo-Koperkowa 195
Chrupiąca salsa z awokado 197
Słodka salsa cebulowo-ogórkowa z miętą i tajskim chili 199
Salsa Verde z grillowanym ananasem 200
Rubinowa salsa z czerwonych buraków 202
Kremy i masła 203
Krem z orzechów nerkowca 204
Masło z Orzechów Sosny 205
Chipsy jabłkowe w czekoladzie 206
Chunky Sos Jabłkowy w Stylu Chutney 209
Kruszonka z Pieczonej Gruszki 211
Gotowane gruszki z zieloną herbatą i imbirem z puree z pomarańczy i mango 214
Persymony Z Sosem Cynamonowo-Grszkowym 216
Grillowany ananas z kremem kokosowym 218

GRILLOWANE STEKI STRIPS Z TARTYM HASZYSZEM Z WARZYW KORZENIOWYCH

PRZYGOTOWANIE:20 minut odstania: 20 minut grill: 10 minut odstania: 5 minut przygotowanie: 4 porcje

STRIP STEKI MAJĄ BARDZO DELIKATNĄ KONSYSTENCJĘ,A MAŁY PASEK TŁUSZCZU PO JEDNEJ STRONIE STEKU STAJE SIĘ CHRUPIĄCY I DYMIĄCY NA GRILLU. MOJE MYŚLENIE O TŁUSZCZU ZWIERZĘCYM ZMIENIŁO SIĘ OD CZASU MOJEJ PIERWSZEJ KSIĄŻKI. JEŚLI BĘDZIESZ WIERNY PODSTAWOWYM ZASADOM DIETY PALEO® I UTRZYMASZ TŁUSZCZE NASYCONE W GRANICACH 10 DO 15 PROCENT DZIENNEGO ZAPOTRZEBOWANIA NA KALORIE, NIE ZWIĘKSZY TO RYZYKA CHORÓB SERCA – A WRĘCZ PRZECIWNIE. NOWE INFORMACJE SUGERUJĄ, ŻE PODWYŻSZENIE POZIOMU CHOLESTEROLU LDL MOŻE W RZECZYWISTOŚCI ZMNIEJSZYĆ OGÓLNOUSTROJOWE ZAPALENIE, KTÓRE JEST CZYNNIKIEM RYZYKA CHORÓB SERCA.

- 3 łyżki oliwy z oliwek extra vergine
- 2 łyżki startego świeżego chrzanu
- 1 łyżeczka drobno startej skórki pomarańczowej
- ½ łyżeczki mielonego kminku
- ½ łyżeczki czarnego pieprzu
- 4 paski steków (zwane również polędwicą), pokrojone na około 1 cal grubości
- 2 średnie pasternaki, obrane
- 1 duży słodki ziemniak, obrany
- 1 średnia rzepa, obrana
- 1 lub 2 szalotki, drobno posiekane
- 2 ząbki czosnku, posiekane
- 1 łyżka posiekanego świeżego tymianku

1. W małej misce wymieszaj 1 łyżkę oliwy, chrzan, skórkę pomarańczową, kminek i ¼ łyżeczki pieprzu. Rozłóż mieszankę na stekach; przykryć i odstawić na 15 minut w temperaturze pokojowej.

2. W międzyczasie na haszysz, używając tarki lub robota kuchennego wyposażonego w ostrze do szatkowania, posiekaj pasternak, słodkie ziemniaki i rzepę. Umieść pokrojone warzywa w dużej misce; dodać szalotkę(i). W małej misce połącz pozostałe 2 łyżki oleju, pozostałą ¼ łyżeczki pieprzu, czosnek i tymianek. Skropić warzywa; wrzucić do dokładnego wymieszania. Złóż kawałek grubej folii o wymiarach 36 × 18 cali na pół, aby uzyskać podwójną grubość folii o wymiarach 18 × 18 cali. Umieść mieszankę warzywną na środku folii; podnieś przeciwległe krawędzie folii i zgrzej podwójną fałdą. Złóż pozostałe krawędzie, aby całkowicie otoczyć warzywa, pozostawiając miejsce na gromadzenie się pary.

3. W przypadku grilla węglowego lub gazowego umieść steki i folię na ruszcie bezpośrednio na średnim ogniu. Przykryj i grilluj steki przez 10 do 12 minut w przypadku średnio wysmażonych (145°F) lub 12 do 15 minut w przypadku średnio wysmażonych (160°F), obracając raz w połowie grillowania. Grilluj pakiet przez 10 do 15 minut lub do momentu, aż warzywa będą miękkie. Odstaw steki na 5 minut, aż warzywa skończą się gotować. Podziel haszysz warzywny na cztery talerze do serwowania; wierzch ze stekami.

AZJATYCKA SMAŻONA WOŁOWINA I WARZYWA

PRZYGOTOWANIE: 30 minut gotować: 15 minut sprawia, że: 4 porcje

PIĘĆ PRZYPRAW W PROSZKU TO BEZSOLNA MIESZANKA PRZYPRAWSZEROKO STOSOWANY W KUCHNI CHIŃSKIEJ. SKŁADA SIĘ Z RÓWNYCH CZĘŚCI MIELONEGO CYNAMONU, GOŹDZIKÓW, NASION KOPRU WŁOSKIEGO, ANYŻU GWIAZDKOWATEGO I ZIAREN PIEPRZU SYCZUAŃSKIEGO.

- 1½ funta bez kości stek z polędwicy wołowej lub okrągły stek wołowy bez kości, pokrojony na 1 cal grubości
- 1½ łyżeczki proszku pięciu przypraw
- 3 łyżki rafinowanego oleju kokosowego
- 1 mała czerwona cebula, pokrojona w cienkie kliny
- 1 mały pęczek szparagów (około 12 uncji), przycięty i pokrojony na 3-calowe kawałki
- 1½ szklanki pokrojonej w julienne pomarańczowej i/lub żółtej marchwi
- 4 ząbki czosnku, posiekane
- 1 łyżeczka drobno startej skórki pomarańczowej
- ¼ szklanki świeżego soku pomarańczowego
- ¼ szklanki bulionu z kości wołowych (zob przepis) lub bulion wołowy bez dodatku soli
- ¼ szklanki białego octu winnego
- ¼ do ½ łyżeczki mielonej czerwonej papryki
- 8 filiżanek grubo posiekanej kapusty pekińskiej
- ½ szklanki niesolonych posiekanych migdałów lub niesolonych, grubo posiekanych orzechów nerkowca, uprażonych (patrz wskazówka, strona 57)

1. W razie potrzeby częściowo zamroź wołowinę, aby ułatwić jej krojenie (około 20 minut). Wołowinę pokroić w bardzo cienkie plasterki. W dużej misce wymieszaj wołowinę i proszek pięciu przypraw. W dużym woku lub bardzo

dużej patelni rozgrzej 1 łyżkę oleju kokosowego na średnim ogniu. Dodaj połowę wołowiny; gotować i mieszać przez 3 do 5 minut lub do zrumienienia. Wołowinę przełożyć do miski. Powtórz z pozostałą wołowiną i kolejną 1 łyżką oleju. Przenieś wołowinę do miski z drugą ugotowaną wołowiną.

2. W tym samym woku dodaj pozostałą 1 łyżkę oleju. Dodaj cebulę; gotować i mieszać przez 3 minuty. Dodaj szparagi i marchewkę; gotuj i mieszaj przez 2 do 3 minut lub do momentu, aż warzywa będą miękkie. Dodaj czosnek; gotować i mieszać jeszcze przez 1 minutę.

3. Na sos w małej misce połącz skórkę pomarańczową, sok pomarańczowy, bulion z kości wołowej, ocet i zmiażdżoną czerwoną paprykę. Dodaj sos i całą wołowinę z sokami w misce do warzyw w woku. Gotuj i mieszaj przez 1 do 2 minut lub do momentu podgrzania. Za pomocą łyżki cedzakowej przenieś warzywa wołowe do dużej miski. Przykryj, aby się rozgrzać.

4. Gotuj sos bez przykrycia na średnim ogniu przez 2 minuty. Dodaj kapustę; gotować i mieszać przez 1 do 2 minut lub do momentu, aż kapusta zwiędnie. Podziel kapustę i soki z gotowania na cztery talerze do serwowania. Równomiernie udekoruj mieszanką wołową. Posypać orzechami.

FILETY CEDROWO-DESKOWE Z AZJATYCKIM SLATHEREM I SLAWEM

MOCZYĆ: 1 godzina przygotowania: 40 minut grill: 13 minut postój: 10 minut przygotowanie: 4 porcje.

KAPUSTA PEKIŃSKA JEST CZASAMI NAZYWANA KAPUSTĄ PEKIŃSKĄ. MA PIĘKNE, POMARSZCZONE, KREMOWE LIŚCIE Z JASNOŻÓŁTO-ZIELONYMI KOŃCÓWKAMI. MA DELIKATNY, ŁAGODNY SMAK I KONSYSTENCJĘ — ZUPEŁNIE INNĄ NIŻ WOSKOWATE LIŚCIE KAPUSTY OKRĄGŁEJ — I NIC DZIWNEGO, ŻE JEST NATURALNA W DANIACH W STYLU AZJATYCKIM.

- 1 duża deska cedrowa
- ¼ uncji suszonych grzybów shiitake
- ¼ szklanki oleju z orzechów włoskich
- 2 łyżeczki mielonego świeżego imbiru
- 2 łyżeczki mielonej czerwonej papryki
- 1 łyżeczka mielonego pieprzu syczuańskiego
- ¼ łyżeczki proszku pięciu przypraw
- 4 ząbki czosnku, posiekane
- 4 steki z polędwicy wołowej o wadze od 4 do 5 uncji, pokrojone na grubość od ¾ do 1 cala
- Surówka azjatycka (zob przepis, poniżej)

1. Umieść deskę do grilla w wodzie; odciążyć i moczyć przez co najmniej 1 godzinę.

2. W międzyczasie, w przypadku azjatyckiego ubijania, w małej misce zalej wrzącą wodą suszone grzyby shiitake; odstawić na 20 minut do nawodnienia. Odcedź grzyby i umieść w robocie kuchennym. Dodaj olej z orzechów włoskich, imbir, zmiażdżoną czerwoną paprykę, ziarna pieprzu syczuańskiego, pięć przypraw w proszku i

czosnek. Przykryj i przetwarzaj, aż grzyby zostaną zmielone, a składniki się połączą; odłożyć na bok.

3. Osusz deskę grilla. W przypadku grilla węglowego rozłóż średnio gorące węgle wokół obwodu grilla. Umieść deskę na ruszcie grilla bezpośrednio nad węglami. Przykryj i grilluj przez 3 do 5 minut lub do momentu, aż deska zacznie trzeszczeć i dymić. Umieść steki na ruszcie do grillowania bezpośrednio nad węglami; grillować przez 3 do 4 minut lub do zrumienienia. Przenieś steki na deskę, smażonymi stronami do góry. Umieść deskę na środku grilla. Podziel azjatycki Slather na steki. Przykryj i grilluj przez 10 do 12 minut lub do momentu, gdy termometr z natychmiastowym odczytem włożony poziomo do steków wskaże 130 ° F. (W przypadku grilla gazowego rozgrzej grill. Zmniejsz temperaturę do średniej. Połóż odsączoną deskę na ruszcie grilla; przykryj i grilluj przez 3 do 5 minut lub do momentu, aż deska zacznie trzeszczeć i dymić. Umieść steki na ruszcie grilla na 3 do 4 minut lub do przełożyć steki na deskę, smażoną stroną do góry. Dostosuj grill do gotowania pośredniego; położyć deskę ze stekami na wyłączonym palniku. Podziel slather między steki. Przykryj i grilluj przez 10 do 12 minut lub do momentu, gdy termometr z natychmiastowym odczytem umieszczony poziomo w stekach wskaże 130 ° F.)

4. Zdejmij steki z grilla. Steki przykryj luźno folią; odstaw na 10 minut. Pokrój steki na plastry o grubości ¼ cala. Podawaj stek na azjatyckiej sałatce.

Asian Slaw: W dużej misce wymieszaj 1 średnią kapustę pekińską, cienko pokrojoną; 1 szklanka drobno posiekanej czerwonej kapusty; 2 marchewki, obrane i pokrojone w paski julienne; 1 czerwona lub żółta słodka papryka, pozbawiona nasion i pokrojona w bardzo cienkie plasterki; 4 szalotki, cienko pokrojone; 1 do 2 papryczek serrano, wypestkowanych i posiekanych (zob<u>wskazówka</u>); 2 łyżki posiekanej kolendry; i 2 łyżki posiekanej mięty. Do dressingu zmieszaj w robocie kuchennym lub blenderze 3 łyżki świeżego soku z limonki, 1 łyżkę startego świeżego imbiru, 1 ząbek mielonego czosnku i ⅛ łyżeczki proszku pięciu przypraw. Przykryj i przetwarzaj, aż będzie gładkie. Przy uruchomionym procesorze stopniowo dodawaj ½ szklanki oleju z orzechów włoskich i miksuj do uzyskania gładkości. Dodaj 1 szalotkę pokrojoną w cienkie plasterki do sosu. Skropić sałatkę i wrzucić do płaszcza.

STEKI Z PATELNI TRI-TIP Z KALAFIOROWĄ PEPERONATĄ

PRZYGOTOWANIE: 25 minut gotować: 25 minut sprawia, że: 2 porcje

PEPERONATA TO TRADYCYJNIE WOLNO PIECZONE RAGUSŁODKIEJ PAPRYKI Z CEBULĄ, CZOSNKIEM I ZIOŁAMI. TA SZYBKO SMAŻONA WERSJA – Z DODATKIEM KALAFIORA – JEST ZARÓWNO PRZYSMAKIEM, JAK I DODATKIEM.

2 4- do 6-uncjowe steki tri-tip, pokrojone na ¾ do 1 cala grubości

¾ łyżeczki czarnego pieprzu

2 łyżki oliwy z oliwek extra vergine

2 czerwone i/lub żółte słodkie papryki, pozbawione nasion i pokrojone w plasterki

1 szalotka, cienko pokrojona

1 łyżeczka przyprawy śródziemnomorskiej (zob przepis)

2 szklanki małych różyczek kalafiora

2 łyżki octu balsamicznego

2 łyżeczki posiekanego świeżego tymianku

1. Osusz steki papierowymi ręcznikami. Posyp steki ¼ łyżeczki czarnego pieprzu. Na dużej patelni rozgrzej 1 łyżkę oleju na średnim ogniu. Dodaj steki do patelni; zmniejszyć ciepło do średniego. Gotuj steki przez 6 do 9 minut na średnio rzadkie (145 ° F), od czasu do czasu obracając. (Jeśli mięso brązowieje zbyt szybko, zmniejsz ogień.) Zdejmij steki z patelni; przykryj luźno folią, aby się nie rozgrzały.

2. W przypadku peperonaty dodaj pozostałą 1 łyżkę oleju na patelnię. Dodaj słodką paprykę i szalotkę. Posypać przyprawą śródziemnomorską. Smaż na średnim ogniu przez około 5 minut lub do momentu, aż papryka

zmięknie, od czasu do czasu mieszając. Dodaj kalafior, ocet balsamiczny, tymianek i pozostałe ½ łyżeczki czarnego pieprzu. Przykryj i gotuj przez 10 do 15 minut lub do miękkości kalafiora, od czasu do czasu mieszając. Przełóż steki z powrotem na patelnię. Łyżką wymieszać peperonatę na steki. Natychmiast podawaj.

PŁASKIE STEKI AU POIVRE Z SOSEM GRZYBOWO-DIJON

PRZYGOTOWANIE: 15 minut gotować: 20 minut sprawia, że: 4 porcje

TEN INSPIROWANY KUCHNIĄ FRANCUSKĄ STEK Z SOSEM GRZYBOWYM MOŻE ZNALEŹĆ SIĘ NA STOLE W NIECO PONAD 30 MINUT, CO CZYNI GO DOSKONAŁYM WYBOREM NA SZYBKI POSIŁEK W CIĄGU TYGODNIA.

STEKI
- 3 łyżki oliwy z oliwek extra vergine
- 1 funt małe włócznie szparagów, przycięte
- 4 6-uncjowe płaskie steki (górne ostrze wołowe bez kości)*
- 2 łyżki posiekanego świeżego rozmarynu
- 1½ łyżeczki mielonego czarnego pieprzu

SOS
- 8 uncji pokrojonych świeżych grzybów
- 2 ząbki czosnku, posiekane
- ½ szklanki bulionu z kości wołowych (zob przepis)
- ¼ szklanki wytrawnego białego wina
- 1 łyżka musztardy typu Dijon (zob przepis)

1. Na dużej patelni rozgrzej 1 łyżkę oleju na średnim ogniu. Dodaj szparagi; gotuj przez 8 do 10 minut lub do chrupkości, od czasu do czasu obracając włócznie, aby się nie przypaliły. Przenieś szparagi na talerz; przykryć folią, żeby się nie rozgrzały.

2. Posyp steki rozmarynem i pieprzem; rozetrzyj palcami. Na tej samej patelni rozgrzej pozostałe 2 łyżki oleju na średnim ogniu. Dodaj steki; zmniejszyć ciepło do średniego. Gotuj przez 8 do 12 minut na średnio rzadkie

(145 ° F), od czasu do czasu obracając mięso. (Jeśli mięso brązowieje zbyt szybko, zmniejsz ogień.) Zdejmij mięso z patelni, zachowując sos. Przykryj steki luźno folią, aby się ogrzały.

3. Na sos dodać pieczarki i czosnek do kapusty na patelni; gotować do miękkości, od czasu do czasu mieszając. Dodaj bulion, wino i musztardę Dijon. Smażymy na średnim ogniu, zeskrobując przyrumienione kawałki z dna patelni. Doprowadzić do wrzenia; gotować jeszcze 1 minutę.

4. Podziel szparagi na cztery talerze. Top ze stekami; łyżka sosu na steki.

*Uwaga: jeśli nie możesz znaleźć płaskich steków o wadze 6 uncji, kup dwa steki o wadze od 8 do 12 uncji i pokrój je na pół, aby uzyskać cztery steki.

GRILLOWANE STEKI Z ŻELAZKA Z KARMELIZOWANĄ CEBULĄ CHIPOTLE I SALSĄ

PRZYGOTOWANIE: 30 minut Marynowanie: 2 godziny Pieczenie: 20 minut Chłodzenie: 20 minut Grillowanie: 45 minut Składniki: 4 porcje

PŁASKI STEK JEST STOSUNKOWO NOWYKRÓJ OPRACOWANY ZALEDWIE KILKA LAT TEMU. WYCIĘTY Z AROMATYCZNEJ CZĘŚCI UCHWYTU W POBLIŻU ŁOPATKI, JEST ZASKAKUJĄCO DELIKATNY I SMAKUJE ZNACZNIE DROŻEJ NIŻ JEST – CO PRAWDOPODOBNIE ODPOWIADA ZA JEGO SZYBKI WZROST POPULARNOŚCI.

STEKI
- ⅓ szklanki świeżego soku z limonki
- ¼ szklanki oliwy z oliwek extra virgin
- ¼ szklanki grubo posiekanej kolendry
- 5 ząbków czosnku, posiekanych
- 4 6-uncjowe płaskie steki (górne ostrze wołowe bez kości).

SAŁATKA SALSA
- 1 bezpestkowy (angielski) ogórek (w razie potrzeby obrany), pokrojony w kostkę
- 1 szklanka pokrojonych w ćwiartki pomidorów winogronowych
- ½ szklanki pokrojonej w kostkę czerwonej cebuli
- ½ szklanki grubo posiekanej kolendry
- 1 papryczka chilli poblano, pozbawiona nasion i pokrojona w kostkę (zob wskazówka)
- 1 papryczka jalapeño, pozbawiona nasion i posiekana (zob wskazówka)
- 3 łyżki świeżego soku z limonki
- 2 łyżki oliwy z oliwek extra vergine

KARMELIZOWANE CEBULE
- 2 łyżki oliwy z oliwek extra vergine

2 duże słodkie cebule (takie jak Maui, Vidalia, Texas Sweet lub Walla Walla)
½ łyżeczki mielonej papryczki chilli chipotle

1. W przypadku steków umieść steki w zamykanej plastikowej torebce ustawionej w płytkim naczyniu; odłożyć na bok. W małej misce połącz sok z limonki, olej, kolendrę i czosnek; polać steki w torbie. Worek uszczelniający; załóż płaszcz. Marynować w lodówce przez 2 godziny.

2. Na sałatkę w dużej misce połącz ogórek, pomidory, cebulę, kolendrę, poblano i jalapeño. Wrzucić do połączenia. Do dressingu w małej misce wymieszaj sok z limonki i oliwę z oliwek. Polej dressingiem warzywa; wrzucić do płaszcza. Przykryć i przechowywać w lodówce do czasu podania.

3. W przypadku cebuli rozgrzej piekarnik do 400 ° F. Posmaruj wnętrze holenderskiego piekarnika odrobiną oliwy z oliwek; odłożyć na bok. Cebule przekrój wzdłuż na pół, usuń skórki, a następnie pokrój w poprzek o grubości ¼ cala. W holenderskim piekarniku połącz pozostałą oliwę z oliwek, cebulę i papryczkę chilli chipotle. Przykryj i piecz przez 20 minut. Odkryć i pozostawić do ostygnięcia na około 20 minut.

4. Przełożyć schłodzoną cebulę do foliowego woreczka do grillowania lub owinąć cebulę podwójną grubością folii. Nakłuć górną część folii w kilku miejscach wykałaczką.

5. W przypadku grilla węglowego rozmieść wokół obwodu grilla średnio rozpalone węgle. Sprawdź średnią temperaturę powyżej środka grilla. Umieść pakiet na środku rusztu do grillowania. Przykryj i grilluj przez około 45 minut lub do momentu, aż cebula będzie miękka i ma bursztynowy kolor. (W przypadku grilla gazowego

rozgrzej grill. Zmniejsz temperaturę do średniej. Ustaw na gotowanie pośrednie. Umieść opakowanie na wyłączonym palniku. Przykryj i grilluj zgodnie z zaleceniami.)

6. Usuń steki z marynaty; odrzucić marynatę. W przypadku grilla węglowego lub gazowego umieść steki na ruszcie bezpośrednio na średnim ogniu. Przykryj i grilluj przez 8 do 10 minut lub do momentu, gdy termometr włożony poziomo do steków wskaże 135 ° F, obracając raz. Przełóż steki na półmisek, przykryj luźno folią i odstaw na 10 minut.

7. Aby podać, podziel salsę na cztery talerze. Umieść stek na każdym talerzu i przykryj kopcem karmelizowanej cebuli. Natychmiast podawaj.

Wskazówki dotyczące robienia z wyprzedzeniem: Sałatkę salsową można przygotować i przechowywać w lodówce do 4 godzin przed podaniem.

RIBEYES Z GRILLA Z ZIOŁOWĄ CEBULĄ I CZOSNKIEM „MASŁO"

PRZYGOTOWANIE: 10 minut gotowanie: 12 minut chłodzenie: 30 minut grillowanie: 11 minut przygotowanie: 4 porcje

CIEPŁO ZE STEKÓW PROSTO Z GRILLA TOPI SIĘKOPCE KARMELIZOWANEJ CEBULI, CZOSNKU I ZIÓŁ ZAWIESZONE W BOGATEJ W SMAKU MIESZANCE OLEJU KOKOSOWEGO I OLIWY Z OLIWEK.

- 2 łyżki nierafinowanego oleju kokosowego
- 1 mała cebula, przekrojona na pół i pokrojona w bardzo cienkie paski (około ¾ szklanki)
- 1 ząbek czosnku, bardzo cienko pokrojony
- 2 łyżki oliwy z oliwek extra vergine
- 1 łyżka posiekanej świeżej pietruszki
- 2 łyżeczki posiekanego świeżego tymianku, rozmarynu i/lub oregano
- 4 8- do 10-uncjowe steki z wołowiny ribeye, pokrojone na 1 cal grubości
- ½ łyżeczki świeżo zmielonego czarnego pieprzu

1. Na średniej patelni rozpuść olej kokosowy na małym ogniu. Dodaj cebulę; gotuj przez 10 do 15 minut lub do lekkiego zbrązowienia, od czasu do czasu mieszając. Dodaj czosnek; smaż jeszcze przez 2 do 3 minut, aż cebula będzie złocistobrązowa, od czasu do czasu mieszając.

2. Przenieś mieszankę cebuli do małej miski. Wymieszaj z oliwą z oliwek, pietruszką i tymiankiem. Przechowywać w lodówce, bez przykrycia, przez 30 minut lub do momentu, aż mieszanina będzie wystarczająco twarda, aby po nabraniu uformować kopiec, od czasu do czasu mieszając.

3. W międzyczasie posyp steki pieprzem. W przypadku grilla węglowego lub gazowego umieść steki na ruszcie bezpośrednio na średnim ogniu. Przykryj i grilluj przez 11 do 15 minut w przypadku średnio wysmażonych (145°F) lub 14 do 18 minut w przypadku średnio wysmażonych (160°F), obracając raz w połowie grillowania.

4. Aby podać, umieść każdy stek na talerzu do serwowania. Natychmiast nałóż mieszankę cebuli równomiernie na steki.

SAŁATKA RIBEYE Z GRILLOWANYMI BURACZKAMI

PRZYGOTOWANIE: 20 minut grill: 55 minut postój: 5 minut wychodzi: 4 porcje

ZIEMISTY SMAK BURAKÓW PIĘKNIE SIĘ KOMPONUJE ZE SŁODYCZĄ POMARAŃCZY, A PRAŻONE ORZECHY PEKAN DODAJĄ CHRUPKOŚCI TEJ SAŁATCE Z DANIA GŁÓWNEGO, KTÓRA IDEALNIE NADAJE SIĘ DO JEDZENIA NA ŚWIEŻYM POWIETRZU W CIEPŁĄ LETNIĄ NOC.

1 funt średnich złotych i / lub czerwonych buraków, wyszorowanych, przyciętych i pokrojonych w kliny

1 mała cebula, pokrojona w cienkie kliny

2 gałązki świeżego tymianku

1 łyżka oliwy z oliwek extra virgin

Pęknięty czarny pieprz

2 8-uncjowe steki wołowe bez kości, pokrojone na ¾ cala grubości

2 ząbki czosnku, przekrojone na pół

2 łyżki przyprawy śródziemnomorskiej (zob przepis)

6 filiżanek mieszanej zieleniny

2 pomarańcze, obrane, pokrojone w plasterki i grubo posiekane

½ szklanki posiekanych orzechów pekan, uprażonych (zob wskazówka)

½ szklanki Bright Citrus Vinaigrette (patrz przepis)

1. Umieścić buraki, cebulę i gałązki tymianku w brytfannie. Skrop olejem i wymieszaj, aby połączyć; posypać lekko mielonym czarnym pieprzem. W przypadku grilla węglowego lub gazowego umieść patelnię na środku rusztu grilla. Przykryj i grilluj przez 55 do 60 minut lub do miękkości po przekłuciu nożem, od czasu do czasu mieszając.

2. W międzyczasie natrzeć steki z obu stron pokrojonymi bokami czosnku; posypać przyprawą śródziemnomorską.

3. Przesuń buraki ze środka grilla, aby zrobić miejsce na steki. Dodaj steki do grilla bezpośrednio na średnim ogniu. Przykryj i grilluj przez 11 do 15 minut w przypadku średnio wysmażonych (145°F) lub 14 do 18 minut w przypadku średnio wysmażonych (160°F), obracając raz w połowie grillowania. Zdejmij folię i steki z grilla. Odstaw steki na 5 minut. Wyrzuć gałązki tymianku z patelni foliowej.

4. Cienko pokrój stek po przekątnej na kawałki wielkości kęsa. Podziel warzywa na cztery talerze do serwowania. Na wierzchu połóż pokrojony stek, buraki, ćwiartki cebuli, posiekane pomarańcze i orzechy pekan. Skrop jasnym winegretem cytrusowym.

ŻEBERKA PO KOREAŃSKU Z DUSZONĄ KAPUSTĄ IMBIROWĄ

PRZYGOTOWANIE: 50 minut gotowanie: 25 minut pieczenie: 10 godzin chłodzenie: przez noc przygotowanie: 4 porcji

UPEWNIJ SIĘ, ŻE POKRYWA HOLENDERSKIEGO PIEKARNIKA PASUJE BARDZO CIASNO, DZIĘKI CZEMU PODCZAS BARDZO DŁUGIEGO CZASU DUSZENIA CAŁY PŁYN Z GOTOWANIA NIE ODPARUJE PRZEZ SZCZELINĘ MIĘDZY POKRYWKĄ A GARNKIEM.

- 1 uncja suszonych grzybów shiitake
- 1½ szklanki pokrojonej szalotki
- 1 gruszka azjatycka, obrana, pozbawiona gniazd nasiennych i posiekana
- 1 3-calowy kawałek świeżego imbiru, obrany i posiekany
- 1 papryczka chili serrano, drobno posiekana (w razie potrzeby pozbawiona nasion) (patrz wskazówka)
- 5 ząbków czosnku
- 1 łyżka rafinowanego oleju kokosowego
- 5 funtów żeberka wołowe z kością
- Świeżo mielony czarny pieprz
- 4 szklanki bulionu z kości wołowych (zob przepis) lub bulion wołowy bez dodatku soli
- 2 szklanki pokrojonych świeżych grzybów shiitake
- 1 łyżka drobno startej skórki pomarańczowej
- ⅓ szklanki świeżego soku
- Smażona kapusta imbirowa (zob przepis, poniżej)
- Drobno posiekana skórka pomarańczowa (opcjonalnie)

1. Rozgrzej piekarnik do 325°F. Umieść suszone grzyby shiitake w małej misce; dodać tyle wrzącej wody, aby przykryła. Odstaw na około 30 minut lub do ponownego nawodnienia i miękkości. Odcedź, zachowując płyn z

moczenia. Drobno posiekaj grzyby. Umieść grzyby w małej misce; przykryj i przechowuj w lodówce, aż będzie potrzebny w kroku 4. Odłóż grzyby i płyn na bok.

2. Na sos w robocie kuchennym połącz szalotkę, gruszkę azjatycką, imbir, serrano, czosnek i płyn do moczenia grzybów. Przykryj i przetwarzaj, aż będzie gładkie. Sos odstawić.

3. W 6-kwartowym holenderskim piekarniku rozgrzej olej kokosowy na średnim ogniu. Żeberka posyp świeżo zmielonym czarnym pieprzem. Smaż żeberka partiami na gorącym oleju kokosowym przez około 10 minut lub do momentu, aż ładnie się zarumienią ze wszystkich stron, obracając w połowie smażenia. Umieść wszystkie żeberka z powrotem w garnku; dodaj sos i bulion z kości wołowej. Przykryj holenderski piekarnik szczelnie przylegającą pokrywką. Piec około 10 godzin lub do momentu, aż mięso będzie bardzo miękkie i zacznie odchodzić od kości.

4. Ostrożnie wyjmij żeberka z sosu. Umieść żeberka i sos w osobnych pojemnikach. Przykryć i schłodzić przez noc. Gdy ostygnie, usuń tłuszcz z powierzchni sosu i wylej. Doprowadzić sos do wrzenia na dużym ogniu; dodaj uwodnione grzyby z kroku 1 i świeże grzyby. Delikatnie gotuj przez 10 minut, aby zredukować sos i zintensyfikować smaki. Umieść żeberka z powrotem w sosie; gotować, aż się rozgrzeje. Wymieszaj 1 łyżkę skórki pomarańczowej i sok pomarańczowy. Podawać z duszoną kapustą imbirową. W razie potrzeby posypać dodatkową skórką pomarańczową.

Smażona kapusta imbirowa: Na dużej patelni na średnim ogniu podgrzej 1 łyżkę rafinowanego oleju kokosowego. Dodaj 2 łyżki posiekanego świeżego imbiru; 2 ząbki czosnku, posiekane; i mielonej czerwonej papryki do smaku. Gotuj i mieszaj, aż zacznie pachnieć, około 30 sekund. Dodaj 6 filiżanek posiekanej napa, włoskiej lub zielonej kapusty i 1 azjatycką gruszkę, obraną, pozbawioną gniazd nasiennych i cienko pokrojoną. Gotuj i mieszaj przez 3 minuty, aż kapusta lekko zwiędnie, a gruszka zmięknie. Dodaj ½ szklanki niesłodzonego soku jabłkowego. Przykryć i gotować około 2 minut, aż kapusta będzie miękka. Dodaj ½ szklanki pokrojonej szalotki i 1 łyżkę sezamu.

ŻEBERKA WOŁOWE Z CYTRUSOWO-FENKUŁOWĄ GREMOLATĄ

PRZYGOTOWANIE: 40 minut grill: 8 minut powolne gotowanie: 9 godzin (niskie) lub 4,5 godziny (mocne) przygotowanie: 4 porcje

GREMOLATA TO AROMATYCZNA MIESZANKA PIETRUSZKI, CZOSNKU I SKÓRKI Z CYTRYNY, KTÓRĄ POSYPUJE SIĘ OSSO BUCCO — KLASYCZNĄ WŁOSKĄ POTRAWĘ Z DUSZONYCH GICZ CIELĘCYCH — ABY ROZJAŚNIĆ JEJ BOGATY, TŁUSTY SMAK. Z DODATKIEM SKÓRKI POMARAŃCZOWEJ I ŚWIEŻYCH, PIERZASTYCH LIŚCI KOPRU WŁOSKIEGO, ROBI TO SAMO DLA TYCH DELIKATNYCH ŻEBEREK WOŁOWYCH.

ŻEBERKA

- 2½ do 3 funtów żeberek wołowych z kością
- 3 łyżki Przyprawy Cytrynowo-Ziołowej (zob przepis)
- 1 średnia bulwa kopru włoskiego
- 1 duża cebula, pokrojona w duże kliny
- 2 szklanki bulionu z kości wołowych (zob przepis) lub bulion wołowy bez dodatku soli
- 2 ząbki czosnku, przekrojone na pół

DYNIA PIECZONA NA PATELNI

- 3 łyżki oliwy z oliwek extra vergine
- 1 funt dyni piżmowej, obranej, pozbawionej nasion i pokrojonej na ½-calowe kawałki (około 2 filiżanek)
- 4 łyżeczki posiekanego świeżego tymianku
- Oliwa z oliwek z pierwszego tłoczenia

GREMOLATA

- ¼ szklanki posiekanej świeżej pietruszki
- 2 łyżki mielonego czosnku
- 1½ łyżeczki drobno startej skórki z cytryny

1½ łyżeczki drobno startej skórki pomarańczowej

1. Żeberka posypać przyprawą cytrynowo-ziołową; delikatnie wcierać palcami w mięso; odłożyć na bok. Usuń liście z kopru włoskiego; odłożyć na Citrus-Fennel Gremolata. Przytnij i poćwiartuj bulwę kopru włoskiego.

2. W przypadku grilla węglowego umieść średnio rozpalone węgle po jednej stronie grilla. Sprawdź średnie ciepło nad bokiem grilla bez węgli. Umieść krótkie żeberka na ruszcie grilla po stronie bez węgli; umieść ćwiartki kopru włoskiego i ćwiartki cebuli na ruszcie bezpośrednio nad węglami. Przykryj i grilluj przez 8 do 10 minut lub do momentu, aż warzywa i żeberka się zarumienią, obracając raz w połowie grillowania. (W przypadku grilla gazowego rozgrzej grill, zmniejsz temperaturę do średniej. Dostosuj do gotowania pośredniego. Umieść żeberka na ruszcie grilla nad wyłączonym palnikiem; umieść koper włoski i cebulę na ruszcie nad włączonym palnikiem. Przykryj i grilluj zgodnie z zaleceniami.) Gdy ostygnie wystarczająco, aby można było go użyć, grubo posiekaj koper włoski i cebulę.

3. W powolnej kuchence o pojemności od 5 do 6 litrów połącz posiekany koper włoski z cebulą, bulionem z kości wołowej i czosnkiem. Dodaj żeberka. Przykryj i gotuj na małym ogniu przez 9 do 10 godzin lub 4½ do 5 godzin na dużym ogniu. Łyżką cedzakową przełożyć żeberka na półmisek; przykryć folią, żeby się nie rozgrzały.

4. W międzyczasie, na dynię, na dużej patelni rozgrzej 3 łyżki oleju na średnim ogniu. Dodaj dynię i 3 łyżeczki tymianku, mieszając, aby pokryła dynię. Ułóż dynię w jednej warstwie na patelni i smaż bez mieszania przez około 3

minuty lub do zrumienienia od spodu. Odwróć kawałki squasha; smaż jeszcze około 3 minuty lub do momentu, aż druga strona się zarumieni. Zmniejsz ciepło do niskiego; przykryj i gotuj przez 10 do 15 minut lub do miękkości. Posypać pozostałą 1 łyżeczką świeżego tymianku; skropić dodatkową oliwą z oliwek z pierwszego tłoczenia.

5. Aby przygotować gremolatę, drobno posiekaj pozostawione liście kopru włoskiego, aby uzyskać ¼ szklanki. W małej misce wymieszaj posiekane liście kopru włoskiego, pietruszkę, czosnek, skórkę z cytryny i skórkę pomarańczową.

6. Żeberka posypać gremolatą. Podawać z kabaczkiem.

PASZTECIKI WOŁOWE PO SZWEDZKU Z SAŁATKĄ Z OGÓRKÓW MUSZTARDOWO-KOPERKOWYCH

PRZYGOTOWANIE: 30 minut gotować: 15 minut sprawia, że: 4 porcje

BEEF À LA LINDSTROM TO SZWEDZKI HAMBURGERCZYLI TRADYCYJNIE NABIJANE CEBULĄ, KAPARAMI I MARYNOWANYMI BURACZKAMI PODAWANE Z SOSEM I BEZ BUŁKI. TA WERSJA Z DODATKIEM ZIELA ANGIELSKIEGO ZASTĘPUJE PIECZONE BURAKI KISZONYMI BURAKAMI I KAPARAMI Z SOLĄ I JEST ZWIEŃCZONA SADZONYM JAJKIEM.

SAŁATKA OGÓRKOWA

- 2 łyżeczki świeżego soku pomarańczowego
- 2 łyżeczki białego octu winnego
- 1 łyżeczka musztardy typu Dijon (zob przepis)
- 1 łyżka oliwy z oliwek extra virgin
- 1 duży ogórek (angielski) bez pestek, obrany i pokrojony w plastry
- 2 łyżki pokrojonej szalotki
- 1 łyżka posiekanego świeżego koperku

PASZTECIKI Z WOŁOWINY

- 1 funt mielonej wołowiny
- ¼ szklanki drobno posiekanej cebuli
- 1 łyżka musztardy typu Dijon (zob przepis)
- ¾ łyżeczki czarnego pieprzu
- ½ łyżeczki mielonego ziela angielskiego
- ½ małego buraka, upieczonego, obranego i pokrojonego w drobną kostkę*
- 2 łyżki oliwy z oliwek extra vergine
- ½ szklanki bulionu z kości wołowych (zob przepis) lub bulion wołowy bez dodatku soli
- 4 duże jajka

1 łyżka drobno posiekanego szczypiorku

1. Aby przygotować sałatkę z ogórków, w dużej misce wymieszaj sok pomarańczowy, ocet i musztardę Dijon. Powoli cienkim strumieniem dodawać oliwę z oliwek, ubijając, aż dressing lekko zgęstnieje. Dodaj ogórek, dymkę i koperek; mieszać do połączenia. Przykryć i przechowywać w lodówce do czasu podania.

2. Aby przygotować paszteciki wołowe, w dużej misce połącz mieloną wołowinę, cebulę, musztardę Dijon, pieprz i ziele angielskie. Dodaj upieczonego buraka i delikatnie wymieszaj, aż równomiernie wmiesza się w mięso. Uformuj mieszaninę w cztery placki o grubości ½ cala.

3. Na dużej patelni rozgrzej 1 łyżkę oliwy z oliwek na średnim ogniu. Smaż kotleciki przez około 8 minut lub do zrumienienia z zewnątrz i ugotowania (160°), obracając raz. Przenieś paszteciki na talerz i przykryj luźno folią, aby się nie rozgrzały. Dodaj bulion z kości wołowej, mieszając, aby zeskrobać przyrumienione kawałki z dna patelni. Gotuj około 4 minut lub do zredukowania o połowę. Skrop paszteciki zredukowanym sokiem z patelni i ponownie przykryj luźno.

4. Opłucz i wytrzyj patelnię papierowym ręcznikiem. Podgrzej pozostałą 1 łyżkę oliwy z oliwek na średnim ogniu. Smaż jajka na gorącym oleju przez 3 do 4 minut lub do momentu, aż białka się zetną, ale żółtka pozostaną miękkie i płynne.

5. Umieść jajko na każdym kotleciku wołowym. Posypać szczypiorkiem i podawać z sałatką z ogórków.

*Wskazówka: Aby upiec buraka, dobrze go wyszoruj i ułóż na kawałku folii aluminiowej. Skrop odrobiną oliwy z oliwek. Zawiń w folię i szczelnie zamknij. Piecz w piekarniku o temperaturze 375 ° F przez około 30 minut lub do momentu, gdy widelec łatwo przebije buraka. Ostudzić; zsunąć skórę. (Buraki można upiec maksymalnie 3 dni wcześniej. Obrane pieczone buraki szczelnie zawinąć i przechowywać w lodówce.)

DUSZONE BURGERY WOŁOWE NA RUKOLI Z PIECZONYMI WARZYWAMI KORZENNYMI

PRZYGOTOWANIE: 40 minut gotowanie: 35 minut pieczenie: 20 minut przygotowanie: 4 porcje

ISTNIEJE WIELE ELEMENTÓW DO TYCH OBFITYCH BURGERÓW — A ICH PRZYGOTOWANIE ZAJMUJE TROCHĘ CZASU — ALE NIESAMOWITE POŁĄCZENIE SMAKÓW SPRAWIA, ŻE JEST TO WARTE WYSIŁKU: MIĘSISTY BURGER JEST POLANY KARMELIZOWANĄ CEBULĄ I SOSEM GRZYBOWYM I PODAWANY ZE SŁODKO PIECZONYMI WARZYWAMI I PAPRYKĄ RUKOLA.

- 5 łyżek oliwy extra vergine
- 2 szklanki pokrojonego świeżego guzika, cremini i/lub grzybów shiitake
- 3 żółte cebule, cienko pokrojone*
- 2 łyżeczki kminku
- 3 marchewki, obrane i pokrojone w 1-calowe kawałki
- 2 pasternaki, obrane i pokrojone na 1-calowe kawałki
- 1 dynia żołędziowa, przekrojona na pół, pozbawiona nasion i pokrojona w kliny
- Świeżo mielony czarny pieprz
- 2 funty mielonej wołowiny
- ½ szklanki drobno posiekanej cebuli
- 1 łyżka uniwersalnej mieszanki przypraw bez soli
- 2 szklanki bulionu z kości wołowych (zob przepis) lub bulion wołowy bez dodatku soli
- ¼ szklanki niesłodzonego soku jabłkowego
- 1 do 2 łyżek wytrawnego sherry lub białego octu winnego
- 1 łyżka musztardy typu Dijon (zob przepis)
- 1 łyżka posiekanych listków świeżego tymianku
- 1 łyżka posiekanych świeżych listków pietruszki
- 8 filiżanek liści rukoli

1. Rozgrzej piekarnik do 425°F. W przypadku sosu na dużej patelni podgrzej 1 łyżkę oliwy z oliwek na średnim ogniu. Dodaj grzyby; gotować i mieszać około 8 minut lub do momentu, aż dobrze się zrumienią i będą miękkie. Łyżką cedzakową przekładamy pieczarki na talerz. Umieść patelnię z powrotem na palniku; zmniejszyć ciepło do średniego. Dodaj pozostałą 1 łyżkę oliwy z oliwek, pokrojoną cebulę i kminek. Przykryj i gotuj przez 20 do 25 minut lub do momentu, aż cebula będzie bardzo miękka i mocno zrumieniona, od czasu do czasu mieszając. (Dostosuj ciepło w razie potrzeby, aby zapobiec spaleniu cebuli.)

2. W międzyczasie na pieczone warzywa korzeniowe na dużej blasze ułożyć marchewkę, pasternak i dynię. Skropić 2 łyżkami oliwy z oliwek i posypać pieprzem do smaku; wrzucić do warzyw. Piec przez 20 do 25 minut lub do miękkości i zarumienienia, obracając raz w połowie pieczenia. Utrzymuj warzywa w cieple, aż będą gotowe do podania.

3. W przypadku burgerów w dużej misce połącz mieloną wołowinę, drobno posiekaną cebulę i mieszankę przypraw. Podziel masę mięsną na cztery równe porcje i uformuj placki o grubości około ¾ cala. Na bardzo dużej patelni rozgrzej pozostałą 1 łyżkę oliwy z oliwek na średnim ogniu. Dodaj hamburgery do patelni; gotuj około 8 minut lub do smażenia z obu stron, obracając raz. Burgery przełożyć na talerz.

4. Dodaj karmelizowaną cebulę, zarezerwowane grzyby, bulion z kości wołowej, sok jabłkowy, sherry i musztardę

Dijon na patelnię, mieszając, aby połączyć. Przełóż burgery z powrotem na patelnię. Doprowadzić do wrzenia. Gotuj, aż hamburgery będą gotowe (160 ° F), około 7 do 8 minut. Wymieszaj ze świeżym tymiankiem, pietruszką i pieprzem do smaku.

5. Aby podać, ułóż 2 filiżanki rukoli na każdym z czterech talerzy do serwowania. Podziel pieczone warzywa na sałatki, a następnie ułóż na nich burgery. Obficie nałóż mieszankę cebulową na burgery.

*Wskazówka: Krajalnica mandolina jest bardzo pomocna w cienko krojeniu cebuli.

GRILLOWANE BURGERY WOŁOWE Z POMIDORAMI W SEZAMIE

PRZYGOTOWANIE: 30 minut stać: 20 minut grillować: 10 minut wychodzi: 4 porcje

CHRUPIĄCE, ZŁOCISTOBRĄZOWE PLASTRY POMIDORA W SEZAMIE ZASTĄP TRADYCYJNĄ BUŁKĘ Z SEZAMEM W TYCH ZADYMIONYCH BURGERACH. PODAWAJ JE Z NOŻEM I WIDELCEM.

4 ½-calowe czerwone lub zielone plasterki pomidora*
1¼ funta chudej mielonej wołowiny
1 łyżka przyprawy do dymu (zob przepis)
1 duże jajko
¾ szklanki mąki migdałowej
¼ szklanki nasion sezamu
¼ łyżeczki czarnego pieprzu
1 mała czerwona cebula, przekrojona na pół i pokrojona w plasterki
1 łyżka oliwy z oliwek extra virgin
¼ szklanki rafinowanego oleju kokosowego
1 mała główka sałaty Bibb
Ketchup Paleo (ok przepis)
Musztarda w stylu Dijon (zob przepis)

1. Połóż plasterki pomidora na podwójnej warstwie ręczników papierowych. Przykryj pomidory kolejną podwójną warstwą ręczników papierowych. Lekko dociśnij ręczniki papierowe, aby przywarły do pomidorów. Pozostaw w temperaturze pokojowej na 20 do 30 minut, aby część soku pomidorowego została wchłonięta.

2. W międzyczasie w dużej misce wymieszaj mieloną wołowinę z przyprawą Smoky. Uformować cztery placki o grubości ½ cala.

3. W płytkiej misce lekko ubij jajko widelcem. W innej płytkiej misce połącz mąkę migdałową, nasiona sezamu i pieprz. Zanurz każdy plasterek pomidora w jajku, obracając, aby się pokrył. Pozwól, aby nadmiar jajka spłynął. Zanurz każdy plasterek pomidora w mieszance mąki migdałowej, obracając, aby pokryć. Umieść powlekane pomidory na płaskim talerzu; odłożyć na bok. Wrzuć plasterki cebuli z oliwą z oliwek; umieść plastry cebuli w koszyku do grillowania.

4. W przypadku grilla węglowego lub gazowego umieść cebulę w koszu, a pasztecki wołowe na ruszcie grilla na średnim ogniu. Przykryć i grillować przez 10 do 12 minut lub cebula będzie złotobrązowa i lekko zwęglona, a pasztecki gotowe (160°), od czasu do czasu mieszając cebulę i raz obracając pasztecki.

5. W międzyczasie na dużej patelni rozgrzej olej na średnim ogniu. Dodaj plasterki pomidora; gotuj przez 8 do 10 minut lub do uzyskania złotego koloru, obracając raz. (Jeśli pomidory brązowieją zbyt szybko, zmniejsz temperaturę do średnio-niskiej. W razie potrzeby dodaj więcej oleju.) Odsącz na talerzu wyłożonym ręcznikiem papierowym.

6. Aby podać, podziel sałatę na cztery talerze do serwowania. Na wierzchu ułożyć pasztecki, cebulę, ketchup Paleo, musztardę Dijon i pomidory w panierce z sezamu.

*Uwaga: prawdopodobnie będziesz potrzebować 2 dużych pomidorów. Jeśli używasz czerwonych pomidorów, wybierz pomidory, które są właśnie dojrzałe, ale wciąż lekko jędrne.

BURGERY NA PATYKU Z DIPEM BABA GHANOUSH

MOCZYĆ: 15 minut przygotowanie: 20 minut grill: 35 minut przygotowanie: 4 porcje

BABA GHANOUSH TO PASTA Z BLISKIEGO WSCHODU Z WĘDZONEGO GRILLOWANEGO BAKŁAŻANA PUREE Z OLIWĄ Z OLIWEK, CYTRYNĄ, CZOSNKIEM I PASTĄ TAHINI ZE ZMIELONYCH NASION SEZAMU. POSYPANIE NASIONAMI SEZAMU JEST W PORZĄDKU, ALE KIEDY ZROBI SIĘ Z NICH OLEJ LUB PASTĘ, STAJĄ SIĘ SKONCENTROWANYM ŹRÓDŁEM KWASU LINOLOWEGO, KTÓRY MOŻE PRZYCZYNIAĆ SIĘ DO STANÓW ZAPALNYCH. UŻYTE TUTAJ MASŁO Z ORZESZKÓW PINIOWYCH STANOWI DOSKONAŁY SUBSTYTUT.

- 4 suszone pomidory
- 1½ funta chudej mielonej wołowiny
- 3 do 4 łyżek drobno posiekanej cebuli
- 1 łyżka drobno posiekanego świeżego oregano i/lub drobno posiekanej świeżej mięty lub ½ łyżeczki suszonego oregano, pokruszonego
- ¼ łyżeczki pieprzu cayenne
- Sos Baba Ghanoush (zob przepis, poniżej)

1. Namocz osiem 10-calowych drewnianych szaszłyków w wodzie przez 30 minut. W międzyczasie w małej misce zalej pomidory wrzącą wodą; odstawić na 5 minut do nawodnienia. Pomidory odcedzamy i osuszamy papierowymi ręcznikami.

2. W dużej misce połącz posiekane pomidory, mieloną wołowinę, cebulę, oregano i pieprz cayenne. Podziel mieszankę mięsną na osiem porcji; Każdą porcję uformować w kulkę. Usuń szaszłyki z wody; osuszyć. Nabij

jedną kulkę na szpikulec i uformuj długi owal wokół szpikulca, zaczynając tuż pod zaostrzoną końcówką i pozostawiając wystarczająco dużo miejsca na drugim końcu, aby móc trzymać patyk. Powtórz z pozostałymi szaszłykami i kulkami.

3. W przypadku grilla węglowego lub gazowego umieść szaszłyki wołowe na ruszcie bezpośrednio na średnim ogniu. Przykryj i grilluj przez około 6 minut lub do momentu, aż będzie gotowe (160°F), obracając raz w połowie grillowania. Podawaj z dipem Baba Ghanoush.

Baba Ghanoush Dipping Sauce: Nakłuć 2 średnie bakłażany w kilku miejscach widelcem. W przypadku grilla węglowego lub gazowego umieść bakłażany na ruszcie do grillowania bezpośrednio na średnim ogniu. Przykryj i grilluj przez 10 minut lub do zwęglenia ze wszystkich stron, obracając kilka razy podczas grillowania. Wyjąć bakłażany i ostrożnie zawinąć w folię. Umieść owinięte bakłażany z powrotem na ruszcie grilla, ale nie bezpośrednio na węglach. Przykryć i grillować jeszcze przez 25 do 35 minut lub do momentu, aż zapadną się i będą bardzo miękkie. Fajny. Bakłażany przekrój na pół i wyskrob miąższ; umieść mięso w robocie kuchennym. Dodaj ¼ szklanki masła z orzeszków piniowych (zob przepis); ¼ szklanki świeżego soku z cytryny; 2 ząbki czosnku, posiekane; 1 łyżka oliwy z oliwek extra virgin; 2 do 3 łyżek posiekanej świeżej pietruszki; i ½ łyżeczki mielonego kminku. Przykryj i przetwarzaj, aż będzie prawie gładki. Jeśli sos jest zbyt gęsty do maczania, wymieszaj tyle wody, aby uzyskać pożądaną konsystencję.

WĘDZONE FASZEROWANE SŁODKIE PAPRYKI

PRZYGOTOWANIE: 20 minut gotowanie: 8 minut pieczenie: 30 minut przygotowanie: 4 porcji

UCZYŃ TĘ RODZINĘ ULUBIONĄZ MIESZANKĄ KOLOROWYCH SŁODKICH PAPRYCZEK DLA PRZYCIĄGAJĄCEGO WZROK DANIA. PIECZONE POMIDORY TO DOSKONAŁY PRZYKŁAD ZDROWEGO SMAKU POTRAW. PROSTY AKT LEKKIEGO ZWĘGLENIA POMIDORÓW PRZED PUSZKOWANIEM (BEZ SOLI) PODBIJA ICH SMAK.

4 duże zielone, czerwone, żółte i/lub pomarańczowe słodkie papryki

1 funt mielonej wołowiny

1 łyżka przyprawy do dymu (zob przepis)

1 łyżka oliwy z oliwek extra virgin

1 mała żółta cebula, posiekana

3 ząbki czosnku, posiekane

1 kalafior z małą główką, pozbawiony gniazd nasiennych i podzielony na różyczki

1 15-uncjowa puszka bez dodatku soli pokrojone w kostkę pieczone pomidory, odsączone

¼ szklanki drobno posiekanej świeżej pietruszki

½ łyżeczki czarnego pieprzu

⅛ łyżeczki pieprzu cayenne

½ szklanki kruszonki z orzechów włoskich (zob przepis, poniżej)

1. Rozgrzej piekarnik do 375°F. Przekrój słodką paprykę na pół w pionie. Usuń łodygi, nasiona i błony; wyrzucać. Odłóż połówki papryki.

2. Umieść mieloną wołowinę w średniej misce; posypać przyprawą dymną. Dłońmi delikatnie wymieszaj przyprawy z mięsem.

3. Na dużej patelni rozgrzej oliwę z oliwek na średnim ogniu. Dodaj mięso, cebulę i czosnek; smażyć, aż mięso się zrumieni, a cebula zmięknie, mieszając drewnianą łyżką, aby mięso się rozpadło. Zdjąć patelnię z ognia.

4. W robocie kuchennym rozdrobnić różyczki kalafiora, aż zostaną bardzo drobno posiekane. (Jeśli nie masz robota kuchennego, zetrzyj kalafior na tarce.) Odmierz 3 filiżanki kalafiora. Dodaj do mieszanki mielonej wołowiny na patelni. (Jeśli został jakiś kalafior, zachowaj go do innego użytku.) Wymieszaj odsączone pomidory, pietruszkę, czarny pieprz i pieprz cayenne.

5. Napełnij połówki papryki mieszanką mielonej wołowiny, lekko ją upakując i lekko ugniatając. Ułóż nadziewane połówki papryki w naczyniu do pieczenia. Piecz przez 30 do 35 minut lub do momentu, aż papryka będzie chrupiąca.* Na wierzchu posyp orzechową kruszonką. Jeśli chcesz, wróć do piekarnika na 5 minut, aby polewa była chrupiąca przed podaniem.

Polewa z orzechów włoskich: Na średniej patelni rozgrzej 1 łyżkę oliwy z oliwek z pierwszego tłoczenia na średnim ogniu. Wymieszaj 1 łyżeczkę suszonego tymianku, 1 łyżeczkę wędzonej papryki i ¼ łyżeczki czosnku w proszku. Dodaj 1 szklankę bardzo drobno posiekanych orzechów włoskich. Gotuj i mieszaj przez około 5 minut lub do momentu, aż orzechy włoskie będą złocistobrązowe i lekko prażone. Dodaj odrobinę lub dwie pieprzu cayenne. Całkowicie ostudzić. Pozostałą polewę przechowuj w szczelnie zamkniętym pojemniku w lodówce, aż będzie gotowa do użycia. Robi 1 filiżankę.

*Uwaga: jeśli używasz zielonej papryki, piecz przez dodatkowe 10 minut.

BURGERY ŻUBROWE Z CEBULĄ CABERNET I RUKOLĄ

PRZYGOTOWANIE: 30 minut gotowanie: 18 minut grillowanie: 10 minut przygotowanie: 4 porcje

BIZON MA BARDZO NISKĄ ZAWARTOŚĆ TŁUSZCZU I GOTUJE SIĘ OD 30% DO 50% SZYBCIEJ NIŻ WOŁOWINA. MIĘSO ZACHOWUJE SWÓJ CZERWONY KOLOR PO UGOTOWANIU, WIĘC KOLOR NIE JEST WSKAŹNIKIEM WYSMAŻENIA. PONIEWAŻ BIZON JEST TAK CHUDY, NIE GOTUJ GO POWYŻEJ TEMPERATURY WEWNĘTRZNEJ 155 ° F.

- 2 łyżki oliwy z oliwek extra vergine
- 2 duże słodkie cebule, cienko pokrojone
- ¾ szklanki Cabernet Sauvignon lub innego wytrawnego czerwonego wina
- 1 łyżeczka przyprawy śródziemnomorskiej (zob przepis)
- ¼ szklanki oliwy z oliwek extra virgin
- ¼ szklanki octu balsamicznego
- 1 łyżka drobno posiekanej szalotki
- 1 łyżka posiekanej świeżej bazylii
- 1 mały ząbek czosnku, posiekany
- 1 funt mielonego żubra
- ¼ szklanki pesto bazyliowego (patrz przepis)
- 5 filiżanek rukoli
- Surowe niesolone pistacje, prażone (zob wskazówka)

1. Na dużej patelni rozgrzej 2 łyżki oleju na średnim ogniu. Dodaj cebulę. Gotuj pod przykryciem przez 10 do 15 minut lub do miękkości cebuli, od czasu do czasu mieszając. Odkryć; gotuj i mieszaj na średnim ogniu przez 3 do 5 minut lub do momentu, aż cebula będzie złota. Dodaj wino; gotować około 5 minut lub do momentu, aż

większość wina odparuje. Posyp przyprawą śródziemnomorską; trzymaj się ciepło.

2. W międzyczasie, w zakręcanym słoiczku na winegret, połącz ¼ szklanki oliwy z oliwek, ocet, szalotkę, bazylię i czosnek. Przykryj i dobrze wstrząśnij.

3. W dużej misce lekko wymieszaj zmielonego bizona i bazyliowe pesto. Lekko uformuj mieszankę mięsną w cztery placki o grubości ¾ cala.

4. W przypadku grilla węglowego lub gazowego umieść paszteciki na lekko natłuszczonej ruszcie do grillowania bezpośrednio na średnim ogniu. Przykryj i grilluj przez około 10 minut do pożądanego stopnia wysmażenia (145°F dla średnio wysmażonych lub 155°F dla średnich), obracając raz w połowie grillowania.

5. Umieść rukolę w dużej misce. Skrop winegretem rukolę; wrzucić do płaszcza. Aby podać, podziel cebulę na cztery talerze do serwowania; na każdym z burgerów z bizona. Burgery posypać rukolą i posypać pistacjami.

PIECZEŃ MIĘSNA Z BIZONA I JAGNIĘCINY NA CHARD I SŁODKIE ZIEMNIAKI

PRZYGOTOWANIE:1 godzina gotować: 20 minut piec: 1 godzina stać: 10 minut wychodzi: 4 porcje

TO STAROŚWIECKIE, KOMFORTOWE JEDZENIEZ NOWOCZESNYM AKCENTEM. SOS Z CZERWONEGO WINA NADAJE BOCHENKOWI SMAKU, A CZOSNKOWA BOĆWINA I SŁODKIE ZIEMNIAKI PUREE Z KREMEM Z ORZECHÓW NERKOWCA I OLEJEM KOKOSOWYM OFERUJĄ NIESAMOWITĄ WARTOŚĆ ODŻYWCZĄ.

2 łyżki oliwy z oliwek
1 szklanka drobno posiekanych grzybów cremini
½ szklanki drobno posiekanej czerwonej cebuli (1 średnia)
½ szklanki drobno posiekanego selera (1 łodyga)
⅓ szklanki drobno posiekanej marchewki (1 mała)
½ małego jabłka, pozbawionego gniazd nasiennych, obranego i rozdrobnionego
2 ząbki czosnku, posiekane
½ łyżeczki przyprawy śródziemnomorskiej (zob przepis)
1 duże jajko, lekko ubite
1 łyżka posiekanej świeżej szałwii
1 łyżka posiekanego świeżego tymianku
8 uncji mielonego żubra
8 uncji mielonej jagnięciny lub wołowiny
¾ szklanki wytrawnego czerwonego wina
1 średnia szalotka, drobno posiekana
¾ szklanki bulionu z kości wołowych (zob przepis) lub bulion wołowy bez dodatku soli
Puree ze słodkich ziemniaków (zob przepis, poniżej)
Czosnkowa Boćwina Szwajcarska (zob przepis, poniżej)

1. Rozgrzej piekarnik do 350°F. Na dużej patelni rozgrzej olej na średnim ogniu. Dodać pieczarki, cebulę, seler i marchewkę; gotować i mieszać około 5 minut lub do momentu, aż warzywa zmiękną. Zmniejsz ciepło do niskiego; dodać pokrojone jabłko i czosnek. Gotuj pod przykryciem około 5 minut lub do momentu, aż warzywa będą bardzo miękkie. Zdjąć z ognia; wymieszać z przyprawą śródziemnomorską.

2. Łyżką cedzakową przełożyć grzybową mieszankę do dużej miski, zostawiając skropliny na patelni. Wmieszaj jajko, szałwię i tymianek. Dodaj mielonego żubra i mieloną jagnięcinę; lekko wymieszać. Włóż mieszankę mięsną do 2-kwartowego prostokątnego naczynia do pieczenia; uformować prostokąt o wymiarach 7 × 4 cale. Piecz około 1 godziny lub do momentu, gdy termometr z natychmiastowym odczytem zarejestruje 155 ° F. Odstaw na 10 minut. Ostrożnie wyjmij bochenek mięsa na półmisek. Przykryj i trzymaj w cieple.

3. W przypadku sosu z patelni zeskrobać skropliny i chrupiące zarumienione kawałki z naczynia do pieczenia do zarezerwowanych smalców na patelni. Dodać wino i szalotkę. Doprowadzić do wrzenia na średnim ogniu; gotować, aż zredukuje się o połowę. Dodaj bulion z kości wołowej; gotować i mieszać, aż zredukuje się o połowę. Zdjąć patelnię z ognia.

4. Aby podać, podziel puree ze słodkich ziemniaków na cztery talerze do serwowania; wierzch z odrobiną czosnkowej boćwiny szwajcarskiej. Pokrój bochenek mięsny; połóż

plastry na czosnkowej boćwiny szwajcarskiej i skrop sosem z patelni.

Puree ze słodkich ziemniaków: Obierz i grubo posiekaj 4 średnie słodkie ziemniaki. W dużym rondlu gotuj ziemniaki w takiej ilości wrzącej wody, aby były przykryte przez 15 minut lub do miękkości; odpływ. Rozgnieść tłuczkiem do ziemniaków. Dodaj ½ szklanki śmietanki z orzechów nerkowca (zob przepis) i 2 łyżki nierafinowanego oleju kokosowego; zmiksować na gładko. Trzymaj się ciepło.

Czosnkowa boćwina: Usuń łodygi z 2 pęczków boćwiny i wyrzuć. Liście grubo posiekać. Na dużej patelni rozgrzej 2 łyżki oliwy z oliwek na średnim ogniu. Dodaj boćwinę i 2 ząbki czosnku, posiekane; gotować, aż boćwina zwiędnie, od czasu do czasu podrzucając szczypcami.

KLOPSIKI Z BIZONA Z SOSEM JABŁKOWO-PORZECZKOWYM Z PAPPARDELLE Z CUKINII

PRZYGOTOWANIE: 25 minut pieczenie: 15 minut gotowanie: 18 minut przygotowanie: 4 porcje

KLOPSIKI BĘDĄ BARDZO MOKRE JAK JE TWORZYSZ. ABY MIESZANKA MIĘSNA NIE PRZYKLEJAŁA SIĘ DO RĄK, MIEJ POD RĘKĄ MISKĘ Z ZIMNĄ WODĄ I OD CZASU DO CZASU ZWILŻAJ RĘCE PODCZAS PRACY. PODCZAS PRZYGOTOWYWANIA KLOPSIKÓW KILKAKROTNIE ZMIENIAJ WODĘ.

KLOPSY

- Oliwa z oliwek
- ½ szklanki grubo posiekanej czerwonej cebuli
- 2 ząbki czosnku, posiekane
- 1 jajko, lekko ubite
- ½ szklanki drobno posiekanych pieczarek i łodyg
- 2 łyżki posiekanej świeżej włoskiej (płaskiej) pietruszki
- 2 łyżeczki oliwy z oliwek
- 1 funt mielonego żubra (gruboziarnisty, jeśli jest dostępny)

SOS JABŁKOWO-PORZECZKOWY

- 2 łyżki oliwy z oliwek
- 2 duże jabłka Granny Smith, obrane, pozbawione gniazd nasiennych i drobno posiekane
- 2 szalotki, posiekane
- 2 łyżki świeżego soku z cytryny
- ½ szklanki bulionu z kości kurczaka (zob przepis) lub rosół z kurczaka bez dodatku soli
- 2 do 3 łyżek suszonych porzeczek

PAPRYCZKI Z CUKINII

6 cukinii
2 łyżki oliwy z oliwek
¼ szklanki drobno posiekanej szalotki
½ łyżeczki mielonej czerwonej papryki
2 ząbki czosnku, posiekane

1. W przypadku klopsików rozgrzej piekarnik do 375 ° F. Delikatnie posmaruj obramowaną blachę do pieczenia oliwą z oliwek; odłożyć na bok. W robocie kuchennym lub blenderze zmiksuj cebulę z czosnkiem. Pulsuj, aż będzie gładkie. Przenieś mieszankę cebuli do średniej miski. Dodaj jajko, grzyby, pietruszkę i 2 łyżeczki oleju; wymieszać do połączenia. Dodaj zmielonego żubra; lekko, ale dobrze wymieszać. Podziel mieszankę mięsną na 16 porcji; uformować klopsiki. Umieść klopsiki w równych odstępach na przygotowanej blasze do pieczenia. Piec przez 15 minut; odłożyć na bok.

2. W przypadku sosu na patelni rozgrzej 2 łyżki oleju na średnim ogniu. Dodaj jabłka i szalotki; gotować i mieszać przez 6 do 8 minut lub do miękkości. Wmieszać sok z cytryny. Przenieś mieszaninę do robota kuchennego lub blendera. Przykryj i przetwarzaj lub mieszaj do uzyskania gładkości; wróć na patelnię. Wymieszaj bulion z kości kurczaka i porzeczki. Doprowadzić do wrzenia; zredukować ciepło. Gotuj bez przykrycia przez 8 do 10 minut, często mieszając. Dodaj klopsiki; gotować i mieszać na małym ogniu, aż się rozgrzeje.

3. W międzyczasie na pappardelle odciąć końce cukinii. Za pomocą mandoliny lub bardzo ostrej obieraczki do warzyw pokrój cukinię w cienkie wstążki. (Aby wstążki pozostały nienaruszone, przerwij golenie, gdy dotrzesz do

nasion w środku dyni.) Na bardzo dużej patelni rozgrzej 2 łyżki oleju na średnim ogniu. Wymieszaj szalotki, zmiażdżoną czerwoną paprykę i czosnek; gotować i mieszać przez 30 sekund. Dodaj wstążki cukinii. Gotuj i delikatnie mieszaj przez około 3 minuty lub tylko do zwiędnięcia.

4. Aby podać, podziel pappardelle na cztery talerze do serwowania; na wierzchu klopsiki i sos jabłkowo-porzeczkowy.

BISON-PORCINI BOLOGNESE Z PIECZONYM CZOSNKIEM SPAGHETTI SQUASH

PRZYGOTOWANIE: 30 minut gotowanie: 1 godzina 30 minut pieczenie: 35 minut przygotowanie: 6 porcji

JEŚLI MYŚLAŁEŚ, ŻE JADŁEŚ TWOJE OSTATNIE DANIE SPAGHETTI Z SOSEM MIĘSNYM, KIEDY STOSOWAŁEŚ DIETĘ PALEO®, POMYŚL JESZCZE RAZ. TO BOGATE BOLOŃSKIE O SMAKU CZOSNKU, CZERWONEGO WINA I ZIEMISTYCH BOROWIKÓW JEST PODAWANE NA SŁODKICH, SMAKOWITYCH PASMACH DYNI SPAGHETTI. ANI TROCHĘ NIE PRZEGAPISZ MAKARONU.

1 uncja suszonych borowików

1 szklanka wrzącej wody

3 łyżki oliwy z oliwek extra vergine

1 funt mielonego żubra

1 szklanka drobno posiekanej marchwi (2)

½ szklanki posiekanej cebuli (1 średnia)

½ szklanki drobno posiekanego selera (1 łodyga)

4 ząbki czosnku, posiekane

3 łyżki koncentratu pomidorowego bez soli

½ szklanki czerwonego wina

2 15-uncjowe puszki zmiażdżonych pomidorów bez dodatku soli

1 łyżeczka suszonego oregano, rozgniecionego

1 łyżeczka suszonego tymianku, posiekanego

½ łyżeczki czarnego pieprzu

1 średni spaghetti squash (2½ do 3 funtów)

1 główka czosnku

1. W małej misce wymieszaj borowiki i wrzącą wodę; odstaw na 15 minut. Przecedzić przez sito wyścielone gazą 100%

bawełnianą, zachowując płyn z moczenia. Posiekaj grzyby; ustawić stronę.

2. W holenderskim piekarniku o pojemności od 4 do 5 kwart podgrzej 1 łyżkę oliwy z oliwek na średnim ogniu. Dodaj mielonego bizona, marchew, cebulę, seler i czosnek. Smażyć, aż mięso się zrumieni, a warzywa zmiękną, mieszając drewnianą łyżką, aby mięso się rozpadło. Dodaj pastę pomidorową; gotować i mieszać przez 1 minutę. Dodaj czerwone wino; gotować i mieszać przez 1 minutę. Wymieszaj z borowikami, pomidorami, oregano, tymiankiem i pieprzem. Dodaj zarezerwowany płyn grzybowy, uważając, aby nie dodać piasku ani grysu, który może znajdować się na dnie miski. Doprowadzić do wrzenia, od czasu do czasu mieszając; zmniejszyć ciepło do niskiego. Dusić pod przykryciem przez 1½ do 2 godzin lub do uzyskania pożądanej konsystencji.

3. W międzyczasie rozgrzej piekarnik do 375°F. Przekrój dynię wzdłuż na pół; wyskrobać nasiona. Ułożyć połówki dyni, przekrojami do dołu, w dużym naczyniu do zapiekania. Za pomocą widelca nakłuć skórę na całej powierzchni. Odetnij górną ½ cala główki czosnku. Umieścić czosnek, przekrojony koniec, w naczyniu do zapiekania razem z dynią. Skrop pozostałą 1 łyżką oliwy z oliwek. Piec przez 35 do 45 minut lub do momentu, aż dynia i czosnek będą miękkie.

4. Łyżką i widelcem wyjąć i posiekać miąższ z każdej połówki dyni; przełożyć do miski i przykryć, aby się nie rozgrzały. Gdy czosnek ostygnie na tyle, że można go chwycić, ściśnij główkę od dołu, aby wyskoczyły ząbki. Za pomocą widelca

rozgnieć ząbki czosnku. Wmieszaj zmiażdżony czosnek do dyni, równomiernie rozprowadzając czosnek. Aby podać, nałóż sos łyżką na mieszankę do squasha.

BISON CHILI CON CARNE

PRZYGOTOWANIE: 25 minut gotować: 1 godzina 10 minut sprawia, że: 4 porcje

NIESŁODZONA CZEKOLADA, KAWA I CYNAMON DODAJ ZAINTERESOWANIE TYM SERDECZNYM ULUBIEŃCEM. JEŚLI CHCESZ UZYSKAĆ JESZCZE BARDZIEJ WĘDZONY SMAK, ZASTĄP ZWYKŁĄ PAPRYKĘ 1 ŁYŻKĄ SŁODKIEJ WĘDZONEJ PAPRYKI.

3 łyżki oliwy z oliwek extra vergine

1 funt mielonego żubra

½ szklanki posiekanej cebuli (1 średnia)

2 ząbki czosnku, posiekane

2 14,5-uncjowe puszki pokrojone w kostkę pomidory bez dodatku soli, nieodsączone

1 6-uncjowa puszka pasty pomidorowej bez soli

1 szklanka bulionu z kości wołowych (zob przepis) lub bulion wołowy bez dodatku soli

½ filiżanki mocnej kawy

2 uncje 99% batonika do pieczenia kakao, posiekanego

1 łyżka papryki

1 łyżeczka mielonego kminku

1 łyżeczka suszonego oregano

1½ łyżeczki przyprawy do dymu (zob przepis)

½ łyżeczki mielonego cynamonu

⅓ szklanki pepity

1 łyżeczka oliwy z oliwek

½ szklanki kremu z orzechów nerkowca (zob przepis)

1 łyżeczka świeżego soku z limonki

½ szklanki świeżych liści kolendry

4 ćwiartki limonki

1. W holenderskim piekarniku rozgrzej 3 łyżki oliwy z oliwek na średnim ogniu. Dodaj mielonego żubra, cebulę i czosnek; smaż około 5 minut lub do momentu, aż mięso

się zrumieni, mieszając drewnianą łyżką, aby mięso się rozpadło. Dodaj nieodsączone pomidory, pastę pomidorową, bulion z kości wołowej, kawę, czekoladę do pieczenia, paprykę, kminek, oregano, 1 łyżeczkę przyprawy do wędzenia i cynamon. Doprowadzić do wrzenia; zredukować ciepło. Dusić pod przykryciem przez 1 godzinę, od czasu do czasu mieszając.

2. W międzyczasie na małej patelni podsmaż pepitas na 1 łyżeczce oliwy z oliwek na średnim ogniu, aż zaczną strzelać i nabiorą złotego koloru. Umieść pepitas w małej misce; dodaj pozostałe ½ łyżeczki przyprawy Smoky; wrzucić do płaszcza.

3. W małej misce połącz śmietankę z orzechów nerkowca i sok z limonki.

4. Aby podać, wlej chochlą chili do misek. Najlepsze porcje z kremem z orzechów nerkowca, pepitą i kolendrą. Podawać z kawałkami limonki.

MAROKAŃSKIE STEKI Z ŻUBRA Z GRILLOWANYMI CYTRYNAMI

PRZYGOTOWANIE: 10 minut grill: 10 minut to: 4 porcje

PODAJ TE SZYBKIE W PRZYGOTOWANIU STEKI Z CHŁODNĄ I CHRUPIĄCĄ SURÓWKĄ Z MARCHWI (ZOB<u>PRZEPIS</u>). JEŚLI MASZ OCHOTĘ NA SMAKOŁYK, GRILLOWANY ANANAS Z KREMEM KOKOSOWYM (PATRZ<u>PRZEPIS</u>) BYŁBY ŚWIETNYM SPOSOBEM NA ZAKOŃCZENIE POSIŁKU.

- 2 łyżki mielonego cynamonu
- 2 łyżki papryki
- 1 łyżka czosnku w proszku
- ¼ łyżeczki pieprzu cayenne
- 4 6-uncjowe steki z bizona filet mignon, pokrojone na ¾ do 1 cala grubości
- 2 cytryny, przekrojone poziomo na pół

1. W małej misce wymieszaj cynamon, paprykę, czosnek w proszku i pieprz cayenne. Steki osusz papierowymi ręcznikami. Natrzyj obie strony steków mieszanką przypraw.

2. W przypadku grilla węglowego lub gazowego umieść steki na ruszcie bezpośrednio na średnim ogniu. Przykryj i grilluj przez 10 do 12 minut w przypadku średnio wysmażonych (145°F) lub 12 do 15 minut w przypadku średnio wysmażonych (155°F), obracając raz w połowie grillowania. W międzyczasie połóż połówki cytryny, przecięciem do dołu, na ruszcie do grillowania. Grilluj przez 2 do 3 minut lub do momentu, aż będą lekko zwęglone i soczyste.

3. Podawaj z grillowanymi połówkami cytryny do wyciskania steków.

ZIOŁA PROWANSALSKIE – PIECZONA POLĘDWICA Z BIZONA

PRZYGOTOWANIE: 15 minut gotowanie: 15 minut pieczenie: 1 godzina 15 minut odstawanie: 15 minut przygotowanie: 4 porcje

ZIOŁA PROWANSALSKIE TO MIESZANKA SUSZONYCH ZIÓŁ ROSNĄCYCH OBFICIE NA POŁUDNIU FRANCJI. MIESZANKA ZWYKLE ZAWIERA KOMBINACJĘ BAZYLII, NASION KOPRU WŁOSKIEGO, LAWENDY, MAJERANKU, ROZMARYNU, SZAŁWII, CZĄBRU LETNIEGO I TYMIANKU. PIĘKNIE SMAKUJE TEJ BARDZO AMERYKAŃSKIEJ PIECZENI.

- 1 3-funtowa pieczeń z polędwicy z bizona
- 3 łyżki ziół prowansalskich
- 4 łyżki oliwy z oliwek extra vergine
- 3 ząbki czosnku, posiekane
- 4 małe pasternaki, obrane i posiekane
- 2 dojrzałe gruszki, pozbawione gniazd nasiennych i posiekane
- ½ szklanki niesłodzonego nektaru gruszkowego
- 1 do 2 łyżeczek świeżego tymianku

1. Rozgrzej piekarnik do 375°F. Odetnij tłuszcz z pieczeni. W małej misce wymieszaj zioła prowansalskie, 2 łyżki oliwy z oliwek i czosnek; natrzeć całą pieczeń.

2. Umieść pieczeń na ruszcie w płytkiej brytfannie. Włóż termometr do piekarnika do środka pieczeni.* Piecz bez przykrycia przez 15 minut. Zmniejsz temperaturę piekarnika do 300 ° F. Piecz przez 60 do 65 minut dłużej lub do momentu, gdy termometr do mięsa wskaże 140 ° F

(średnio wysmażony). Przykryć folią i odstawić na 15 minut.

3. W międzyczasie na dużej patelni podgrzej pozostałe 2 łyżki oliwy z oliwek na średnim ogniu. Dodaj pasternak i gruszki; gotuj przez 10 minut lub do momentu, aż pasternak będzie chrupiący, od czasu do czasu mieszając. Dodaj nektar gruszkowy; gotować około 5 minut lub do momentu, aż sos lekko zgęstnieje. Posypać tymiankiem.

4. Cienko pokrój pieczeń w poprzek włókien. Mięso podawać z pasternakiem i gruszkami.

*Wskazówka: Bizon jest bardzo chudy i gotuje się szybciej niż wołowina. Ponadto kolor mięsa jest bardziej czerwony niż wołowiny, więc nie można polegać na wizualnej wskazówce, aby określić stopień wypieczenia. Będziesz potrzebował termometru do mięsa, który poinformuje Cię, kiedy mięso jest gotowe. Termometr do piekarnika jest idealny, ale nie jest koniecznością.

DUSZONE W KAWIE ŻEBERKA ŻUBRA Z GREMOLATĄ Z MANDARYNKI I PUREE Z KORZENIA SELERA

PRZYGOTOWANIE: 15 minut gotować: 2 godziny 45 minut wychodzi: 6 porcji

ŻEBERKA ŻUBRA SĄ DUŻE I MIĘSISTE. WYMAGAJĄ DOBREGO DŁUGIEGO GOTOWANIA W PŁYNIE, ABY STAŁY SIĘ MIĘKKIE. GREMOLATA ZROBIONA ZE SKÓRKI MANDARYNKI ROZJAŚNIA SMAK TEGO OBFITEGO DANIA.

MARYNATA
- 2 szklanki wody
- 3 filiżanki mocnej kawy, schłodzonej
- 2 szklanki świeżego soku z mandarynek
- 2 łyżki posiekanego świeżego rozmarynu
- 1 łyżeczka grubo mielonego czarnego pieprzu
- 4 funty żeberek z żubra, przekrojonych między żebrami w celu rozdzielenia

UDUSIĆ
- 2 łyżki oliwy z oliwek
- 1 łyżeczka czarnego pieprzu
- 2 szklanki posiekanej cebuli
- ½ szklanki posiekanej szalotki
- 6 ząbków czosnku, posiekanych
- 1 papryczka jalapeño, pozbawiona nasion i posiekana (zob wskazówka)
- 1 filiżanka mocnej kawy
- 1 szklanka bulionu z kości wołowych (zob przepis) lub bulion wołowy bez dodatku soli
- ¼ szklanki ketchupu Paleo (zob przepis)
- 2 łyżki musztardy Dijon (zob przepis)
- 3 łyżki octu jabłkowego
- Zacier z korzenia selera (zob przepis, poniżej)

Mandarynka Gremolata (zob przepis, Prawidłowy)

1. Na marynatę w dużym niereaktywnym pojemniku (szklanym lub ze stali nierdzewnej) połącz wodę, schłodzoną kawę, sok z mandarynki, rozmaryn i czarny pieprz. Dodaj żeberka. W razie potrzeby umieść talerz na żeberkach, aby były zanurzone. Przykryć i schłodzić przez 4 do 6 godzin, raz przestawiając i mieszając.

2. W przypadku duszenia rozgrzej piekarnik do 325°F. Odcedź żeberka, odrzucając marynatę. Żeberka osusz papierowymi ręcznikami. W dużym holenderskim piekarniku rozgrzej oliwę z oliwek na średnim ogniu. Żeberka doprawiamy czarnym pieprzem. Brązuj żeberka partiami, aż zbrązowieją ze wszystkich stron, około 5 minut na partię. Przełożyć na duży talerz.

3. Dodaj cebulę, szalotki, czosnek i jalapeño do garnka. Zmniejsz ogień do średniego, przykryj i gotuj, aż warzywa będą miękkie, od czasu do czasu mieszając, około 10 minut. Dodaj kawę i bulion; zamieszaj, zeskrobując zrumienione kawałki. Dodaj ketchup Paleo, musztardę typu Dijon i ocet. Doprowadzić do wrzenia. Dodaj żeberka. Przykryj i przenieś do piekarnika. Gotuj, aż mięso będzie miękkie, około 2 godzin i 15 minut, delikatnie mieszając i przekładając żeberka raz lub dwa razy.

4. Przenieś żeberka na talerz; namiot z folią, aby się ogrzać. Łyżką odsączyć tłuszcz z powierzchni sosu. Gotuj sos, aż zmniejszy się do 2 filiżanek, około 5 minut. Podziel zacier z korzenia selera na 6 talerzy; wierzch z żeberkami i sosem. Posyp mandarynkową Gremolatą.

Zacier z korzenia selera: W dużym rondlu wymieszaj 3 funty korzenia selera, obranego i pokrojonego na 1-calowe kawałki oraz 4 szklanki bulionu z kości kurczaka (zob.przepis) lub niesolonego bulionu z kurczaka. Doprowadzić do wrzenia; zredukować ciepło. Odcedź korzeń selera, zachowaj bulion. Przełożyć korzeń selera z powrotem do rondla. Dodaj 1 łyżkę oliwy z oliwek i 2 łyżeczki posiekanego świeżego tymianku. Używając tłuczka do ziemniaków, rozgnieć korzeń selera, dodając zarezerwowany bulion, po kilka łyżek na raz, aby uzyskać pożądaną konsystencję.

Tangerine Gremolata: W małej misce połącz ½ szklanki posiekanej świeżej pietruszki, 2 łyżki drobno posiekanej skórki mandarynki i 2 ząbki mielonego czosnku.

ROSÓŁ Z KOŚCI WOŁOWEJ

PRZYGOTOWANIE: 25 minut pieczenie: 1 godzina gotowanie: 8 godzin przygotowanie: 8 do 10 filiżanek

KOŚCISTE WOŁOWE OGONY TWORZĄ NIEZWYKLE BOGATY W SMAKU BULION KTÓRY MOŻNA WYKORZYSTAĆ W KAŻDYM PRZEPISIE, KTÓRY WYMAGA BULIONU WOŁOWEGO - LUB PO PROSTU CIESZYĆ SIĘ NIM W KUBKU O KAŻDEJ PORZE DNIA. CHOCIAŻ W RZECZYWISTOŚCI POCHODZIŁY OD WOŁU, OGONY WOŁOWE POCHODZĄ TERAZ OD ZWIERZĘCIA MIĘSNEGO.

5 marchewek, grubo posiekanych

5 łodyg selera naciowego, grubo posiekanych

2 żółte cebule, nieobrane, przekrojone na pół

8 uncji białych grzybów

1 główka czosnku, nieobrana, przekrojona na pół

2 funty kości ogonowej lub kości wołowych

2 pomidory

12 szklanek zimnej wody

3 liście laurowe

1. Rozgrzej piekarnik do 400°F. Na dużej blasze do pieczenia z brzegiem lub płytkiej blasze do pieczenia ułóż marchewki, seler, cebulę, grzyby i czosnek; połóż kości na warzywach. W robocie kuchennym zmiksuj pomidory na gładką masę. Rozsmaruj pomidory na kościach, żeby się pokryły (nie ma problemu, jeśli część puree kapie na patelnię i warzywa). Piec przez 1 do 1,5 godziny lub do momentu, aż kości będą ciemnobrązowe, a warzywa skarmelizowane. Przenieś kości i warzywa do 10- do 12-kwartowego holenderskiego piekarnika lub garnka. (Jeśli część mieszanki pomidorowej skarmelizuje się na dnie patelni,

dodaj 1 szklankę gorącej wody i zeskrob wszelkie kawałki. Wlej płyn na kości i warzywa i zmniejsz ilość wody o 1 szklankę.) Dodaj zimne woda i liście laurowe.

2. Powoli doprowadzaj mieszaninę do wrzenia na średnim lub dużym ogniu. Zredukować ciepło; przykryj i gotuj bulion przez 8 do 10 godzin, mieszając od czasu do czasu.

3. Odcedź bulion; wyrzucić kości i warzywa. Fajny bulion; bulion przełożyć do pojemników do przechowywania i przechowywać w lodówce do 5 dni; zamrozić do 3 miesięcy.*

Wskazówki dotyczące powolnej kuchenki: W powolnej kuchence o pojemności od 6 do 8 kwart użyj 1 funt kości wołowych, 3 marchewki, 3 łodygi selera, 1 żółtą cebulę i 1 cebulę czosnku. Zmiksuj 1 pomidora i natrzyj nim kości. Upiecz zgodnie z instrukcją, a następnie przenieś kości i warzywa do powolnej kuchenki. Zeskrob karmelizowany pomidor zgodnie z zaleceniami i dodaj do powolnej kuchenki. Dodaj tyle wody, aby pokryć. Przykryj i gotuj na dużym ogniu, aż bulion się zagotuje, około 4 godzin. Zredukuj do ustawienia niskiego ciepła; gotować od 12 do 24 godzin. Odcedź bulion; wyrzucić kości i warzywa. Przechowuj zgodnie z zaleceniami.

*Wskazówka: Aby łatwo usunąć tłuszcz z bulionu, przechowuj bulion w przykrytym pojemniku w lodówce przez noc. Tłuszcz wypłynie na wierzch i utworzy twardą warstwę, którą można łatwo zeskrobać. Bulion po schłodzeniu może zgęstnieć.

TUNEZYJSKA ŁOPATKA WIEPRZOWA NACIERANA PRZYPRAWAMI Z PIKANTNYMI FRYTKAMI Z BATATÓW

PRZYGOTOWANIE: 25 minut pieczenie: 4 godziny pieczenie: 30 minut wychodzi: 4 porcje

TO JEST ŚWIETNE DANIE DO ZROBIENIA W CHŁODNY JESIENNY DZIEŃ. MIĘSO PIECZE SIĘ GODZINAMI W PIEKARNIKU, DZIĘKI CZEMU TWÓJ DOM PACHNIE CUDOWNIE I MASZ CZAS NA INNE RZECZY. PIECZONE W PIEKARNIKU FRYTKI ZE SŁODKICH ZIEMNIAKÓW NIE STAJĄ SIĘ CHRUPIĄCE W TAKI SAM SPOSÓB JAK BIAŁE ZIEMNIAKI, ALE SĄ PYSZNE NA SWÓJ SPOSÓB, ZWŁASZCZA ZANURZONE W CZOSNKOWYM MAJONEZIE.

WIEPRZOWINA

- 1 2½- do 3-funtowa pieczeń z łopatki wieprzowej z kością
- 2 łyżeczki mielonej papryczki chilli ancho
- 2 łyżeczki mielonego kminku
- 1 łyżeczka kminku, lekko rozgniecionego
- 1 łyżeczka mielonej kolendry
- ½ łyżeczki mielonej kurkumy
- ¼ łyżeczki mielonego cynamonu
- 3 łyżki oliwy z oliwek

FRYTKI

- 4 średnie słodkie ziemniaki (około 2 funtów), obrane i pokrojone w kliny o grubości ½ cala
- ½ łyżeczki mielonej czerwonej papryki
- ½ łyżeczki cebuli w proszku
- ½ łyżeczki czosnku w proszku
- Oliwa z oliwek
- 1 cebula, cienko pokrojona
- Paleo Aïoli (majonez czosnkowy) (zob przepis)

1. Rozgrzej piekarnik do 300°F. Odetnij tłuszcz z mięsa. W małej misce połącz mieloną papryczkę chili ancho, mielony kminek, kminek, kolendrę, kurkumę i cynamon. Posyp mięso mieszanką przypraw; palcami równomiernie wetrzeć w mięso.

2. W żaroodpornym holenderskim piekarniku o pojemności od 5 do 6 kwart podgrzej 1 łyżkę oliwy z oliwek na średnim ogniu. Smażymy wieprzowinę ze wszystkich stron na gorącym oleju. Przykryć i piec około 4 godzin lub do momentu, aż mięso będzie bardzo miękkie, a termometr do mięsa wskaże 190°F. Wyjmij holenderski piekarnik z piekarnika. Odstaw pod przykryciem na czas przygotowywania frytek ze słodkich ziemniaków i cebuli, zachowując 1 łyżkę tłuszczu w holenderskim piekarniku.

3. Zwiększ temperaturę piekarnika do 400°F. W przypadku frytek ze słodkich ziemniaków w dużej misce połącz słodkie ziemniaki, pozostałe 2 łyżki oliwy z oliwek, zmiażdżoną czerwoną paprykę, cebulę w proszku i czosnek w proszku; wrzucić do płaszcza. Wyłóż jedną dużą lub dwie małe blachy do pieczenia folią; posmarować dodatkową oliwą z oliwek. Ułóż słodkie ziemniaki w jednej warstwie na przygotowanej blasze do pieczenia. Piec około 30 minut lub do miękkości, obracając słodkie ziemniaki raz w połowie pieczenia.

4. W międzyczasie wyjmij mięso z holenderskiego piekarnika; przykryć folią, żeby się nie rozgrzały. Odsącz odcedzając, zachowując 1 łyżkę tłuszczu. Zarezerwowany tłuszcz włóż z powrotem do pieca holenderskiego. Dodaj cebulę;

gotować na średnim ogniu około 5 minut lub do momentu, aż zmiękną, od czasu do czasu mieszając.

5. Przełóż wieprzowinę i cebulę na półmisek. Za pomocą dwóch widelców rozciągnij wieprzowinę na duże kawałki. Podawaj wieprzowinę i frytki z Paleo Aïoli.

KUBAŃSKA GRILLOWANA ŁOPATKA WIEPRZOWA

PRZYGOTOWANIE: 15 minut Marynowanie: 24 godziny Grill: 2 godziny 30 minut
Odstawanie: 10 minut Składniki: 6 do 8 porcji

W KRAJU POCHODZENIA ZNANY JAKO „LECHON ASADO", TA PIECZEŃ WIEPRZOWA JEST MARYNOWANA W KOMBINACJI ŚWIEŻYCH SOKÓW CYTRUSOWYCH, PRZYPRAW, ZMIAŻDŻONEJ CZERWONEJ PAPRYKI I CAŁEJ GŁÓWKI MIELONEGO CZOSNKU. GOTOWANIE NA ROZŻARZONYCH WĘGLACH PO CAŁONOCNYM NAMOCZENIU W MARYNACIE NADAJE JEJ NIESAMOWITY SMAK.

- 1 główka czosnku, ząbki oddzielone, obrane i posiekane
- 1 szklanka grubo posiekanej cebuli
- 1 szklanka oliwy z oliwek
- 1⅓ szklanki świeżego soku z limonki
- ⅔ szklanki świeżego soku pomarańczowego
- 1 łyżka mielonego kminku
- 1 łyżka suszonego oregano, pokruszonego
- 2 łyżeczki świeżo zmielonego czarnego pieprzu
- 1 łyżeczka mielonej czerwonej papryki
- 1 4- do 5-funtowa pieczeń wieprzowa bez kości

1. Do marynaty podziel główkę czosnku na ząbki. Obierz i posiekaj goździki; umieścić w dużej misce. Dodaj cebulę, oliwę z oliwek, sok z limonki, sok pomarańczowy, kminek, oregano, czarny pieprz i zmiażdżoną czerwoną paprykę. Dobrze wymieszaj i odłóż na bok.

2. Za pomocą noża do trybowania głęboko nakłuć pieczeń wieprzową. Ostrożnie zanurz pieczeń w marynacie, zanurzając ją jak najbardziej w płynie. Przykryj miskę

szczelnie plastikową folią. Marynować w lodówce przez 24 godziny, obracając raz.

3. Wyjąć wieprzowinę z marynaty. Wlać marynatę do średniego rondla. Doprowadzić do wrzenia; gotować przez 5 minut. Zdjąć z ognia i ostudzić. Odłożyć na bok.

4. W przypadku grilla węglowego umieść średnio rozpalone węgle wokół miski ociekowej. Sprawdź średnią temperaturę nad patelnią. Umieść mięso na ruszcie do grillowania nad tacą ociekową. Przykryj i grilluj przez 2½ do 3 godzin lub do momentu, gdy termometr z natychmiastowym odczytem zostanie włożony do środka rejestrów pieczenia 140 ° F. (W przypadku grilla gazowego rozgrzej grill. Zmniejsz temperaturę do średniej. Ustaw na gotowanie pośrednie. Umieść mięso na ruszcie grilla nad wyłączonym palnikiem. Przykryj i grilluj zgodnie z zaleceniami.) Zdejmij mięso z grilla. Przykryj luźno folią i odstaw na 10 minut przed rzeźbieniem lub wyciąganiem.

WŁOSKA PIECZEŃ WIEPRZOWA NACIERANA Z WARZYWAMI

PRZYGOTOWANIE: 20 minut pieczenie: 2 godziny 25 minut odstawanie: 10 minut wychodzi: 8 porcji

„NAJLEPSZE JEST ŚWIEŻE" TO DOBRA MANTRADO NAŚLADOWANIA, JEŚLI CHODZI O GOTOWANIE PRZEZ WIĘKSZOŚĆ CZASU. JEDNAK SUSZONE ZIOŁA BARDZO DOBRZE SPRAWDZAJĄ SIĘ W NACIERANIACH DO MIĘS. KIEDY ZIOŁA SĄ SUSZONE, ICH SMAKI SĄ SKONCENTROWANE. KIEDY WEJDĄ W KONTAKT Z WILGOCIĄ Z MIĘSA, UWALNIAJĄ DO NIEGO SWOJE SMAKI, JAK W TEJ WŁOSKIEJ PIECZENI O SMAKU PIETRUSZKI, KOPRU WŁOSKIEGO, OREGANO, CZOSNKU I PIKANTNEJ KRUSZONEJ CZERWONEJ PAPRYKI.

- 2 łyżki suszonej pietruszki, posiekanej
- 2 łyżki nasion kopru włoskiego, rozgniecionych
- 4 łyżeczki suszonego oregano, rozgniecionego
- 1 łyżeczka świeżo zmielonego czarnego pieprzu
- ½ łyżeczki mielonej czerwonej papryki
- 4 ząbki czosnku, posiekane
- 1 4-funtowa pieczeń z łopatki wieprzowej z kością
- 1 do 2 łyżek oliwy z oliwek
- 1¼ szklanki wody
- 2 średnie cebule, obrane i pokrojone w ósemki
- 1 duża bulwa kopru włoskiego, przycięta, wydrążona i pokrojona w kliny
- 2 funty brukselki

1. Rozgrzej piekarnik do 325°F. W małej misce połącz pietruszkę, nasiona kopru włoskiego, oregano, czarny pieprz, zmiażdżoną czerwoną paprykę i czosnek; odłożyć na bok. W razie potrzeby rozwiąż pieczeń wieprzową.

Odetnij tłuszcz z mięsa. Mieszanką przypraw natrzeć mięso ze wszystkich stron. W razie potrzeby ponownie zwiąż pieczeń, aby się połączyła.

2. W holenderskim piekarniku rozgrzej olej na średnim ogniu. Mięso smażymy ze wszystkich stron na rozgrzanym oleju. Odcedź tłuszcz. Wlej wodę do pieca holenderskiego wokół pieczeni. Pieczemy bez przykrycia przez 1,5 godziny. Ułóż cebulę i koper wokół pieczeni wieprzowej. Przykryć i piec jeszcze 30 minut.

3. W międzyczasie odetnij łodygi brukselki i usuń zwiędłe zewnętrzne liście. Brukselkę kroimy na pół. Dodaj brukselkę do holenderskiego piekarnika, układając je na innych warzywach. Przykryj i piecz jeszcze przez 30 do 35 minut lub do momentu, aż warzywa i mięso będą miękkie. Mięso przełożyć na półmisek do serwowania i przykryć folią. Odstaw na 15 minut przed krojeniem. Wrzuć warzywa z sokami z patelni, aby się pokryły. Łyżką cedzakową wyjąć warzywa na półmisek lub miskę; przykryć, aby się rozgrzać.

4. Za pomocą dużej łyżki odsączyć tłuszcz z soków z patelni. Pozostałe soki z patelni przecedzić przez sito. Pokrój wieprzowinę, usuwając kość. Mięso podawaj z warzywami i sokami z patelni.

KRET WIEPRZOWY WOLNOWAROWY

PRZYGOTOWANIE: 20 minut wolnego gotowania: 8 do 10 godzin (niski) lub 4 do 5 godzin (mocny) sprawia, że: 8 porcji

Z KMINKIEM, KOLENDRĄ, OREGANO, POMIDORAMI, MIGDAŁAMI, RODZYNKAMI, CHILLI I CZEKOLADĄ, W TYM BOGATYM I PIKANTNYM SOSIE WIELE SIĘ DZIEJE — W BARDZO DOBRY SPOSÓB. TO IDEALNY POSIŁEK NA POCZĄTEK RANO, ZANIM WYRUSZYSZ NA CAŁY DZIEŃ. KIEDY WRACASZ DO DOMU, OBIAD JEST PRAWIE GOTOWY – A TWÓJ DOM PACHNIE NIESAMOWICIE.

- 1 3-funtowa pieczeń wieprzowa bez kości
- 1 szklanka grubo posiekanej cebuli
- 3 ząbki czosnku, pokrojone
- 1½ szklanki bulionu z kości wołowych (zob przepis), Rosół z Kurczaka (zob przepis) lub rosół wołowy lub drobiowy bez dodatku soli
- 1 łyżka mielonego kminku
- 1 łyżka mielonej kolendry
- 2 łyżeczki suszonego oregano, rozgniecionego
- 1 15-uncjowa puszka pokrojonych w kostkę pomidorów bez dodatku soli, odsączonych
- 1 6-uncjowa puszka pasty pomidorowej bez dodatku soli
- ½ szklanki posiekanych migdałów, prażonych (zob wskazówka)
- ¼ szklanki niesiarczonych złotych rodzynek lub porzeczek
- 2 uncje niesłodzonej czekolady (takiej jak Scharffen Berger 99% kakao), grubo posiekanej
- 1 suszona cała papryczka chili ancho lub chipotle
- 2 4-calowe laski cynamonu
- ¼ szklanki posiekanej świeżej kolendry
- 1 awokado, obrane, pozbawione nasion i pokrojone w cienkie plasterki
- 1 limonka, pokrojona w kliny
- ⅓ szklanki prażonych niesolonych zielonych pestek dyni (opcjonalnie) (patrz wskazówka)

1. Wytnij tłuszcz z pieczeni wieprzowej. W razie potrzeby pokrój mięso, aby zmieściło się w wolnej kuchence o pojemności od 5 do 6 kwart; odłożyć na bok.

2. W powolnej kuchence połącz cebulę z czosnkiem. W szklanej miarce o pojemności 2 filiżanek wymieszaj bulion z kości wołowych, kminek, kolendrę i oregano; wlać do kuchenki. Wymieszaj pokrojone w kostkę pomidory, pastę pomidorową, migdały, rodzynki, czekoladę, suszoną papryczkę chili i laski cynamonu. Umieść mięso w kuchence. Na wierzch wyłóż trochę mieszanki pomidorowej. Przykryj i gotuj na małym ogniu przez 8 do 10 godzin lub na dużym ogniu przez 4 do 5 godzin lub do miękkości wieprzowiny.

3. Przenieś wieprzowinę na deskę do krojenia; lekko schłodzić. Za pomocą dwóch widelców rozerwij mięso na strzępy. Przykryj mięso folią i odłóż na bok.

4. Usuń i wyrzuć suszoną papryczkę chili i laski cynamonu. Za pomocą dużej łyżki odsączyć tłuszcz z mieszanki pomidorów. Przenieś mieszankę pomidorową do blendera lub robota kuchennego. Przykryj i zmiksuj lub zmiksuj, aż będzie prawie gładkie. Ponownie włóż szarpaną wieprzowinę i sos do powolnej kuchenki. Utrzymuj ciepło na małym ogniu do czasu podania, do 2 godzin.

5. Tuż przed podaniem wymieszaj z kolendrą. Podawaj kreta w miseczkach i udekoruj plasterkami awokado, kawałkami limonki i, jeśli chcesz, pestkami dyni.

GULASZ WIEPRZOWY Z KMINKIEM I DYNIĄ

PRZYGOTOWANIE:30 minut gotowania: 1 godzina to: 4 porcje

PIEPRZNA MUSZTARDA I DYNIA PIŻMOWA DODAJ ŻYWY KOLOR I CAŁĄ MASĘ WITAMIN — A TAKŻE BŁONNIK I KWAS FOLIOWY — DO TEGO GULASZU PRZYPRAWIONEGO WSCHODNIOEUROPEJSKIMI SMAKAMI.

1 1¼ do 1½ funta pieczeni z łopatki wieprzowej

1 łyżka papryki

1 łyżka kminku, drobno posiekanego

2 łyżeczki suchej musztardy

¼ łyżeczki pieprzu cayenne

2 łyżki rafinowanego oleju kokosowego

8 uncji świeżych pieczarek, cienko pokrojonych

2 łodygi selera, pokrojone w poprzek na 1-calowe plastry

1 mała czerwona cebula, pokrojona w cienkie kliny

6 ząbków czosnku, posiekanych

5 szklanek bulionu z kości kurczaka (zob przepis) lub rosół z kurczaka bez dodatku soli

2 szklanki pokrojonej w kostkę, obranej dyni piżmowej

3 szklanki grubo posiekanej, przyciętej musztardy lub zielonej kapusty

2 łyżki posiekanej świeżej szałwii

¼ szklanki świeżego soku z cytryny

1. Wytnij tłuszcz z wieprzowiny. Pokrój wieprzowinę w 1½-calową kostkę; umieścić w dużej misce. W małej misce połącz paprykę, kminek, suchą musztardę i pieprz cayenne. Posypać wieprzowinę, podrzucając równomiernie.

2. W holenderskim piekarniku o pojemności od 4 do 5 kwart rozgrzej olej kokosowy na średnim ogniu. Dodaj połowę mięsa; smażyć do zrumienienia, od czasu do czasu mieszając. Zdejmij mięso z patelni. Powtórz z pozostałym mięsem. Odłóż mięso na bok.

3. Dodaj pieczarki, seler, czerwoną cebulę i czosnek do pieca holenderskiego. Gotuj przez 5 minut, od czasu do czasu mieszając. Włóż mięso z powrotem do holenderskiego piekarnika. Ostrożnie dodaj bulion z kości kurczaka. Doprowadzić do wrzenia; zredukować ciepło. Przykryj i gotuj przez 45 minut. Wmieszać dynię. Przykryj i gotuj na wolnym ogniu jeszcze przez 10 do 15 minut lub do momentu, aż wieprzowina i dynia będą miękkie. Wymieszaj musztardę i szałwię. Gotuj przez 2 do 3 minut lub do momentu, aż warzywa będą miękkie. Wmieszać sok z cytryny.

POLĘDWICA NADZIEWANA OWOCAMI Z SOSEM BRANDY

PRZYGOTOWANIE: 30 minut gotowanie: 10 minut pieczenie: 1 godzina 15 minut odstawanie: 15 minut przygotowanie: 8 do 10 porcji

TA ELEGANCKA PIECZEŃ JEST IDEALNA DOSPECJALNA OKAZJA LUB SPOTKANIE RODZINNE — SZCZEGÓLNIE JESIENIĄ. JEGO SMAKI – JABŁKA, GAŁKA MUSZKATOŁOWA, SUSZONE OWOCE I ORZECHY PEKAN – ODDAJĄ ESENCJĘ TAMTEJ PORY ROKU. PODAWAĆ Z PUREE Z BATATÓW I JAGODAMI ORAZ SAŁATKĄ Z PIECZONYCH BURAKÓW (PATRZ PRZEPIS).

PIEC

1 łyżka oliwy z oliwek

2 szklanki posiekanych, obranych jabłek Granny Smith (około 2 średnie)

1 szalotka, drobno posiekana

1 łyżka posiekanego świeżego tymianku

¾ łyżeczki świeżo zmielonego czarnego pieprzu

⅛ łyżeczki mielonej gałki muszkatołowej

½ szklanki pokrojonych niesiarczonych suszonych moreli

¼ szklanki posiekanych orzechów pekan, uprażonych (zob wskazówka)

1 szklanka bulionu z kości kurczaka (zob przepis) lub rosół z kurczaka bez dodatku soli

1 3-funtowa pieczeń wieprzowa bez kości (pojedynczy schab)

SOS BRANDY

2 łyżki cydru jabłkowego

2 łyżki brandy

1 łyżeczka musztardy typu Dijon (zob przepis)

Świeżo mielony czarny pieprz

1. Na farsz na dużej patelni rozgrzej oliwę z oliwek na średnim ogniu. Dodać jabłka, szalotkę, tymianek, ¼ łyżeczki

pieprzu i gałkę muszkatołową; gotuj przez 2 do 4 minut, aż jabłka i szalotka będą miękkie i lekko złociste, od czasu do czasu mieszając. Dodaj morele, orzechy pekan i 1 łyżkę bulionu. Gotuj bez przykrycia przez 1 minutę, aby zmiękły morele. Zdjąć z ognia i odstawić.

2. Rozgrzej piekarnik do 325°F. Udekoruj pieczeń wieprzową, wykonując podłużne nacięcie środka pieczeni, tnąc do ½ cala od drugiej strony. Rozłóż pieczeń otwartą. Umieść nóż w nacięciu V, skierowanym poziomo w kierunku jednej strony V, i odetnij z dokładnością do ½ cala od boku. Powtórz po drugiej stronie V. Rozłóż pieczeń i przykryj folią. Pracując od środka do krawędzi, wbij pieczeń tłuczkiem do mięsa, aż uzyska grubość około ¾ cala. Zdejmij i wyrzuć plastikową folię. Farsz rozsmarować na wierzchu pieczeni. Zaczynając od krótszego boku, zwinąć pieczeń w spiralę. Zawiąż w kilku miejscach sznurkiem kuchennym ze 100% bawełny, aby trzymać pieczeń razem. Posyp pieczeń pozostałą ½ łyżeczki pieprzu.

3. Umieść pieczeń na ruszcie w płytkiej brytfannie. Włóż termometr do piekarnika w środek pieczeni (nie w farsz). Piec bez przykrycia przez 1 godzinę 15 minut do 1 godziny 30 minut lub do momentu, gdy termometr wskaże 145°F. Wyjąć pieczeń i przykryć luźno folią; odstawić na 15 minut przed krojeniem.

4. W międzyczasie, w przypadku sosu brandy, wymieszaj pozostały bulion i cydr jabłkowy w rondelku, mieszając, aby zeskrobać zrumienione kawałki. Przecedzić ocieki do średniego rondla. Doprowadzić do wrzenia; gotować

około 4 minut lub do momentu, gdy sos zredukuje się o jedną trzecią. Dodaj brandy i musztardę Dijon. Doprawiamy do smaku dodatkowym pieprzem. Sos podawać z pieczenią wieprzową.

PIECZEŃ WIEPRZOWA PORCHETTA

PRZYGOTOWANIE: 15 minut Marynata: noc: 40 minut pieczenie: 1 godzina wychodzi: 6 porcji

TRADYCYJNA WŁOSKA PORCHETTA(CZASAMI PISANE JAKO PORKETTA W AMERYKAŃSKIM ANGIELSKIM) TO PROSIĘ BEZ KOŚCI NADZIEWANE CZOSNKIEM, KOPREM WŁOSKIM, PIEPRZEM I ZIOŁAMI, TAKIMI JAK SZAŁWIA LUB ROZMARYN, A NASTĘPNIE UKŁADANE NA ROŻNIE I PIECZONE NA DREWNIE. ZWYKLE JEST TEŻ MOCNO SOLONY. TA WERSJA PALEO JEST UPROSZCZONA I BARDZO SMACZNA. ZASTĄP ŚWIEŻY ROZMARYN SZAŁWIĄ, JEŚLI CHCESZ, LUB UŻYJ MIESZANKI DWÓCH ZIÓŁ.

- 1 2- do 3-funtowa pieczeń ze schabu wieprzowego bez kości
- 2 łyżki nasion kopru włoskiego
- 1 łyżeczka czarnego pieprzu
- ½ łyżeczki mielonej czerwonej papryki
- 6 ząbków czosnku, posiekanych
- 1 łyżka drobno startej skórki pomarańczowej
- 1 łyżka posiekanej świeżej szałwii
- 3 łyżki oliwy z oliwek
- ½ szklanki wytrawnego białego wina
- ½ szklanki bulionu z kości kurczaka (zob przepis) lub rosół z kurczaka bez dodatku soli

1. Wyjmij pieczeń wieprzową z lodówki; odstawić na 30 minut w temperaturze pokojowej. W międzyczasie na małej patelni prażymy nasiona kopru włoskiego na średnim ogniu, często mieszając, przez około 3 minuty lub do momentu, aż nabiorą ciemnego koloru i będą pachnące; Fajny. Przełożyć do młynka do przypraw lub czystego młynka do kawy. Dodaj ziarna pieprzu i zmiażdżoną

czerwoną paprykę. Zmiel do średnio-drobnej konsystencji. (Nie mielić na proszek.)

2. Rozgrzej piekarnik do 325°F. W małej misce połącz zmielone przyprawy, czosnek, skórkę pomarańczową, szałwię i oliwę z oliwek, aby uzyskać pastę. Umieść pieczeń wieprzową na ruszcie w małej brytfannie. Natrzyj mieszanką całą wieprzowinę. (W razie potrzeby umieść przyprawioną wieprzowinę w szklanym naczyniu do pieczenia o wymiarach 9 × 13 × 2 cale. Przykryj folią i wstaw do lodówki na noc, aby się zamarynować. Przed gotowaniem przenieś mięso na brytfannę i pozostaw w temperaturze pokojowej na 30 minut przed gotowaniem.)

3. Piecz wieprzowinę przez 1 do 1½ godziny lub do momentu, gdy termometr z natychmiastowym odczytem zostanie włożony do środka rejestrów pieczenia 145°F. Przenieś pieczeń na deskę do krojenia i przykryj luźno folią. Odstaw na 10 do 15 minut przed krojeniem.

4. W międzyczasie wlej soki z patelni do szklanej miarki. Odtłuszczony tłuszcz z góry; odłożyć na bok. Umieść brytfannę na palniku kuchenki. Wlej wino i bulion z kurczaka na patelnię. Doprowadzić do wrzenia na średnim ogniu, mieszając, aby zeskrobać zrumienione kawałki. Gotować około 4 minut lub do momentu, aż mieszanina lekko się zredukuje. Ubij zarezerwowane soki z patelni; napięcie. Pokrój wieprzowinę i podawaj z sosem.

POLĘDWICA WIEPRZOWA DUSZONA POMIDORAMI

PRZYGOTOWANIE: 40 minut opiekanie: 10 minut gotowanie: 20 minut pieczenie: 40 minut odstawanie: 10 minut przygotowanie: 6 do 8 porcji

POMIDORY MAJĄ LEPKĄ, SOCZYSTĄ POWŁOKĘ POD ICH PAPIEROWYMI SKÓRKAMI. PO WYJĘCIU SKÓREK PRZEPŁUCZ JE SZYBKO POD BIEŻĄCĄ WODĄ I SĄ GOTOWE DO UŻYCIA.

- 1 funt pomidorów, łuskanych, łodygowych i opłukanych
- 4 papryczki serrano, bez łodygi, z nasionami i przekrojone na pół (zob wskazówka)
- 2 papryczki jalapeno, pozbawione łodygi, pozbawione nasion i przekrojone na pół (zob wskazówka)
- 1 duża żółta słodka papryka, bez łodygi, z nasionami i przekrojona na pół
- 1 duża pomarańczowa słodka papryka, bez łodygi, z nasionami i przekrojona na pół
- 2 łyżki oliwy z oliwek
- 1 2- do 2½ funtowa pieczeń ze schabu wieprzowego bez kości
- 1 duża żółta cebula, obrana, przekrojona na pół i cienko pokrojona
- 4 ząbki czosnku, posiekane
- ¾ szklanki wody
- ¼ szklanki świeżego soku z limonki
- ¼ szklanki posiekanej świeżej kolendry

1. Rozgrzej brojler do wysokiej temperatury. Wyłóż blachę do pieczenia folią. Ułóż pomidory, papryczki serrano, papryczki jalapeño i słodką paprykę na przygotowanej blasze do pieczenia. Podsmaż warzywa na 4 cale z ognia, aż będą dobrze zwęglone, od czasu do czasu obracając pomidory i usuwając warzywa, gdy staną się zwęglone, około 10 do 15 minut. Serranos, papryczki jalapeno i pomidory umieść w misce. Umieść słodką paprykę na talerzu. Warzywa odstawić do ostygnięcia.

2. Na dużej patelni rozgrzej olej na średnim ogniu, aż zacznie błyszczeć. Pieczeń wieprzową osusz czystym ręcznikiem papierowym i dodaj do patelni. Smaż, aż dobrze się zarumieni ze wszystkich stron, równomiernie zmieniając pieczeń na brązową. Przełóż pieczeń na półmisek. Zredukuj ciepło do średniego. Dodaj cebulę do patelni; gotować i mieszać przez 5 do 6 minut lub do uzyskania złotego koloru. Dodaj czosnek; gotować jeszcze 1 minutę. Zdjąć patelnię z ognia.

3. Rozgrzej piekarnik do 350°F. W przypadku sosu pomidorowego w robocie kuchennym lub blenderze połącz tomatillos, serranos i jalapeños. Przykryj i zmiksuj lub zmiksuj na gładko; dodać do cebuli na patelni. Ponownie postaw patelnię na ogniu. Doprowadzić do wrzenia; gotuj przez 4 do 5 minut lub do momentu, aż mieszanina będzie ciemna i gęsta. Wymieszaj wodę, sok z limonki i kolendrę.

4. Rozłóż sos pomidorowy na płytkiej brytfannie lub prostokątnym naczyniu do pieczenia o pojemności 3 kwarty. Włóż pieczeń wieprzową do sosu. Przykryj szczelnie folią. Piecz przez 40 do 45 minut lub do momentu, gdy termometr z natychmiastowym odczytem włożony do środka pieczeni wskaże 140 ° F.

5. Pokrój słodką paprykę w paski. Wmieszaj do sosu pomidorowego na patelni. Namiot luzem z folią; odstaw na 10 minut. Pokrój mięso; wymieszać sos. Podawaj pokrojoną w plastry wieprzowinę obficie polaną sosem pomidorowym.

POLĘDWICZKI WIEPRZOWE FASZEROWANE MORELAMI

PRZYGOTOWANIE: 20 minut pieczenie: 45 minut odstawanie: 5 minut przygotowanie: 2 do 3 porcji

- 2 średnie świeże morele, grubo posiekane
- 2 łyżki niesiarczonych rodzynek
- 2 łyżki posiekanych orzechów włoskich
- 2 łyżeczki startego świeżego imbiru
- ¼ łyżeczki mielonego kardamonu
- 1 12-uncjowa polędwica wieprzowa
- 1 łyżka oliwy z oliwek
- 1 łyżka musztardy typu Dijon (zob przepis)
- ¼ łyżeczki czarnego pieprzu

1. Rozgrzej piekarnik do 375°F. Wyłóż blachę do pieczenia folią; umieść ruszt do pieczenia na blasze do pieczenia.

2. W małej misce wymieszaj morele, rodzynki, orzechy włoskie, imbir i kardamon.

3. Wykonaj wzdłużne nacięcie środka wieprzowiny, tnąc z dokładnością do ½ cala od drugiej strony. Motyl to otwórz. Umieść wieprzowinę między dwiema warstwami plastikowego opakowania. Używając płaskiej strony tłuczka do mięsa, lekko wbij mięso do grubości około ⅓ cala. Złóż koniec ogona, aby uzyskać równy prostokąt. Lekko rozbić mięso, aby uzyskać równą grubość.

4. Rozłóż masę morelową na wieprzowinie. Zaczynając od węższego końca, zwinąć wieprzowinę. Zawiąż sznurkiem kuchennym ze 100% bawełny, najpierw na środku, a następnie w odstępach 1 cala. Umieść pieczeń na ruszcie.

5. Wymieszaj oliwę z oliwek i musztardę Dijon; posmarować pieczeń. Pieczeń posypać pieprzem. Piecz przez 45 do 55 minut lub do momentu, gdy termometr z natychmiastowym odczytem zostanie umieszczony w środku rejestrów pieczenia 140 ° F. Odstaw na 5 do 10 minut przed krojeniem.

POLĘDWICZKI WIEPRZOWE W ZIOŁOWEJ PANIERCE Z CHRUPIĄCĄ OLIWĄ CZOSNKOWĄ

PRZYGOTOWANIE:15 minut pieczenie: 30 minut gotowanie: 8 minut odstawanie: 5 minut przygotowanie: 6 porcji

⅓ szklanki musztardy Dijon (patrz przepis)
¼ szklanki posiekanej świeżej pietruszki
2 łyżki posiekanego świeżego tymianku
1 łyżka posiekanego świeżego rozmarynu
½ łyżeczki czarnego pieprzu
2 12-uncjowe polędwiczki wieprzowe
½ szklanki oliwy z oliwek
¼ szklanki posiekanego świeżego czosnku
¼ do 1 łyżeczki mielonej czerwonej papryki

1. Rozgrzej piekarnik do 450°F. Wyłóż blachę do pieczenia folią; umieść ruszt do pieczenia na blasze do pieczenia.

2. W małej misce wymieszaj musztardę, pietruszkę, tymianek, rozmaryn i czarny pieprz, aby powstała pasta. Rozłóż mieszankę musztardowo-ziołową na wierzchu i bokach wieprzowiny. Przenieś wieprzowinę na ruszt do pieczenia. Umieść pieczeń w piekarniku; obniżyć temperaturę do 375°F. Piec przez 30 do 35 minut lub do momentu, gdy termometr z natychmiastowym odczytem zostanie włożony do środka rejestrów pieczenia 140 ° F. Odstaw na 5 do 10 minut przed krojeniem.

3. W międzyczasie, aby przygotować olej czosnkowy, w małym rondlu wymieszaj oliwę z czosnkiem. Gotuj na średnim ogniu przez 8 do 10 minut lub do momentu, aż czosnek będzie złoty i zacznie chrupiący (nie pozwól czosnkowi się

spalić). Zdjąć z ognia; wymieszać z pokruszoną czerwoną papryką. Pokrój wieprzowinę; Łyżką oleju czosnkowego na plastry przed podaniem.

INDYJSKA WIEPRZOWINA Z SOSEM KOKOSOWYM

ZACZĄĆ KOŃCZYĆ:20 minut to: 2 porcje

3 łyżeczki curry w proszku
2 łyżeczki garam masala bez soli
1 łyżeczka mielonego kminku
1 łyżeczka mielonej kolendry
1 12-uncjowa polędwica wieprzowa
1 łyżka oliwy z oliwek
½ szklanki naturalnego mleka kokosowego (takiego jak marka Nature's Way)
¼ szklanki posiekanej świeżej kolendry
2 łyżki posiekanej świeżej mięty

1. W małej misce wymieszaj 2 łyżeczki curry w proszku, garam masala, kminek i kolendrę. Pokrój wieprzowinę w plastry o grubości ½ cala; posypać przyprawami. .

2. Na dużej patelni rozgrzej oliwę z oliwek na średnim ogniu. Dodaj plastry wieprzowiny na patelnię; gotować przez 7 minut, raz obracając. Zdejmij wieprzowinę z patelni; przykryć, aby się rozgrzać. W przypadku sosu dodaj mleko kokosowe i pozostałą 1 łyżeczkę curry w proszku na patelnię, mieszając, aby zeskrobać wszelkie kawałki. Gotować przez 2 do 3 minut. Wymieszać z kolendrą i miętą. Dodaj wieprzowinę; gotuj, aż się podgrzeje, polewając sosem wieprzowinę.

SCALOPPINI WIEPRZOWE Z PRZYPRAWIONYMI JABŁKAMI I KASZTANAMI

PRZYGOTOWANIE: 20 minut gotować: 15 minut sprawia, że: 4 porcje

- 2 12-uncjowe polędwiczki wieprzowe
- 1 łyżka cebuli w proszku
- 1 łyżka czosnku w proszku
- ½ łyżeczki czarnego pieprzu
- 2 do 4 łyżek oliwy z oliwek
- 2 jabłka Fuji lub Pink Lady, obrane, pozbawione gniazd nasiennych i grubo posiekane
- ¼ szklanki drobno posiekanej szalotki
- ¾ łyżeczki mielonego cynamonu
- ⅛ łyżeczki mielonych goździków
- ⅛ łyżeczki mielonej gałki muszkatołowej
- ½ szklanki bulionu z kości kurczaka (zob przepis) lub rosół z kurczaka bez dodatku soli
- 2 łyżki świeżego soku z cytryny
- ½ szklanki obranych pieczonych kasztanów, posiekanych* lub posiekanych orzechów pekan
- 1 łyżka posiekanej świeżej szałwii

1. Pokrój polędwiczki na plastry o grubości ½ cala ukośnie. Umieść plastry wieprzowiny między dwoma arkuszami plastikowego opakowania. Używając płaskiej strony tłuczka do mięsa, ubij, aż będzie cienki. Posyp plasterki cebulą w proszku, czosnkiem w proszku i czarnym pieprzem.

2. Na dużej patelni rozgrzać na średnim ogniu 2 łyżki oliwy z oliwek. Gotuj wieprzowinę partiami przez 3 do 4 minut,

obracając raz i dodając olej, jeśli to konieczne. Przenieś wieprzowinę na talerz; przykryć i trzymać w cieple.

3. Zwiększ temperaturę do średnio-wysokiej. Dodaj jabłka, szalotki, cynamon, goździki i gałkę muszkatołową. Gotuj i mieszaj przez 3 minuty. Wymieszaj bulion z kości kurczaka i sok z cytryny. Przykryj i gotuj przez 5 minut. Zdjąć z ognia; wymieszać z kasztanami i szałwią. Podawaj jabłkową mieszankę na wieprzowinie.

* Uwaga: Aby upiec kasztany, rozgrzej piekarnik do 400 ° F. Wytnij X po jednej stronie skorupy kasztana. Dzięki temu skorupa rozluźni się podczas gotowania. Umieść kasztany na blasze do pieczenia i piecz przez 30 minut lub do momentu, aż skorupa oddzieli się od orzecha, a orzechy będą miękkie. Zawiń upieczone kasztany w czysty ręcznik kuchenny. Obierz łuski i skórkę z żółto-białego orzecha.

SMAŻONA WIEPRZOWINA FAJITA

PRZYGOTOWANIE: 20 minut gotować: 22 minuty to: 4 porcje

1 funtowa polędwica wieprzowa, pokrojona w 2-calowe paski
3 łyżki bezsolnej przyprawy do fajita lub przyprawy meksykańskiej (zob przepis)
2 łyżki oliwy z oliwek
1 mała cebula, cienko pokrojona
½ czerwonej słodkiej papryki, pozbawionej pestek i pokrojonej w cienkie plasterki
½ pomarańczowej słodkiej papryki, pozbawionej nasion i cienko pokrojonej
1 papryczka jalapeño, odcięta od łodygi i pokrojona w cienkie plasterki (zob wskazówka) (opcjonalny)
½ łyżeczki nasion kminku
1 szklanka cienko pokrojonych świeżych grzybów
3 łyżki świeżego soku z limonki
½ szklanki posiekanej świeżej kolendry
1 awokado, pozbawione nasion, obrane i pokrojone w kostkę
Pożądana salsa (zob przepisy)

1. Posyp wieprzowinę 2 łyżkami przyprawy do fajita. Na bardzo dużej patelni rozgrzej 1 łyżkę oleju na średnim ogniu. Dodaj połowę wieprzowiny; gotować i mieszać około 5 minut lub do momentu, aż przestanie być różowe. Przełóż mięso do miski i przykryj, aby się nie rozgrzało. Powtórz z pozostałym olejem i wieprzowiną.

2. Ustaw ciepło na średnie. Dodaj pozostałą 1 łyżkę przyprawy fajita, cebulę, słodką paprykę, jalapeño i kminek. Gotuj i mieszaj około 10 minut lub do momentu, aż warzywa będą miękkie. Przełóż całe mięso i nagromadzone soki z powrotem na patelnię. Wymieszaj z grzybami i sokiem z limonki. Gotuj, aż się rozgrzeje. Zdejmij patelnię z ognia; wymieszać z kolendrą. Podawać z awokado i wybraną salsą.

POLĘDWICZKI WIEPRZOWE Z PORTO I ŚLIWKAMI

PRZYGOTOWANIE:10 minut pieczenie: 12 minut odstawanie: 5 minut sprawia, że: 4 porcje

PORTO TO WZMOCNIONE WINO,CO OZNACZA, ŻE DODAJE SIĘ DO NIEGO SPIRYTUS PODOBNY DO BRANDY, ABY ZATRZYMAĆ PROCES FERMENTACJI. OZNACZA TO, ŻE ZAWIERA WIĘCEJ CUKRU RESZTKOWEGO NIŻ CZERWONE WINO STOŁOWE, A CO ZA TYM IDZIE, MA SŁODSZY SMAK. NIE JEST TO COŚ, CO CHCESZ PIĆ CODZIENNIE, ALE ODROBINA UŻYTA DO GOTOWANIA RAZ NA JAKIŚ CZAS JEST W PORZĄDKU.

- 2 12-uncjowe polędwiczki wieprzowe
- 2½ łyżeczki mielonej kolendry
- ¼ łyżeczki czarnego pieprzu
- 2 łyżki oliwy z oliwek
- 1 szalotka, pokrojona
- ½ szklanki wina porto
- ½ szklanki bulionu z kości kurczaka (zobprzepis) lub rosół z kurczaka bez dodatku soli
- 20 suszonych śliwek niesiarczonych bez pestek (śliwek)
- ½ łyżeczki mielonej czerwonej papryki
- 2 łyżeczki posiekanego świeżego estragonu

1. Rozgrzej piekarnik do 400°F. Posyp wieprzowinę 2 łyżeczkami kolendry i czarnego pieprzu.

2. Na dużej patelni żaroodpornej rozgrzej oliwę z oliwek na średnim ogniu. Dodaj polędwiczki na patelnię. Gotuj, aż zrumienią się ze wszystkich stron, równomiernie zmieniając kolor na brązowy, około 8 minut. Umieść patelnię w piekarniku. Piecz, bez przykrycia, około 12

minut lub do momentu, gdy termometr z natychmiastowym odczytem włożony do środka pieczeni zarejestruje 140 ° F. Polędwiczki przełożyć na deskę do krojenia. Przykryć luźno folią aluminiową i odstawić na 5 minut.

3. W międzyczasie odcedź tłuszcz z patelni na sos, zachowując 1 łyżkę. Gotuj szalotki w zarezerwowanych kroplach na patelni na średnim ogniu przez około 3 minuty lub do zrumienienia i miękkości. Dodaj porto do patelni. Doprowadzić do wrzenia, mieszając, aby zeskrobać zrumienione kawałki. Dodaj bulion z kości kurczaka, suszone śliwki, zmiażdżoną czerwoną paprykę i pozostałą ½ łyżeczki kolendry. Gotuj na średnim ogniu, aby nieco zredukować, około 1 do 2 minut. Wymieszaj z estragonem.

4. Pokrój wieprzowinę w plastry i podawaj ze śliwkami i sosem.

WIEPRZOWINA W STYLU MOO SHU W KUBKACH SAŁATY Z SZYBKO MARYNOWANYMI WARZYWAMI

ZACZĄĆ KOŃCZYĆ: 45 minut to: 4 porcje

JEŚLI JADŁEŚ TRADYCYJNE DANIE MOO SHU W CHIŃSKIEJ RESTAURACJI WIESZ, ŻE TO WYTRAWNE MIĘSNO-WARZYWNE NADZIENIE PODAWANE W CIENKICH NALEŚNIKACH ZE SŁODKIM SOSEM ŚLIWKOWYM LUB HOISIN. TA LŻEJSZA I ŚWIEŻSZA WERSJA PALEO ZAWIERA WIEPRZOWINĘ, KAPUSTĘ PEKIŃSKĄ I GRZYBY SHIITAKE SMAŻONE W IMBIRZE I CZOSNKU I PODAWANE W SAŁATKACH Z CHRUPIĄCYMI MARYNOWANYMI WARZYWAMI.

KISZONE WARZYWA

- 1 szklanka marchewki pokrojonej w julienne
- 1 szklanka rzodkiewki daikon pokrojonej w julienne
- ¼ szklanki posiekanej czerwonej cebuli
- 1 szklanka niesłodzonego soku jabłkowego
- ½ szklanki octu jabłkowego

WIEPRZOWINA

- 2 łyżki oliwy z oliwek lub rafinowanego oleju kokosowego
- 3 jajka, lekko ubite
- 8 uncji schabu wieprzowego, pokrojonego w paski 2 × ½ cala
- 2 łyżeczki mielonego świeżego imbiru
- 4 ząbki czosnku, posiekane
- 2 szklanki cienko pokrojonej kapusty pekińskiej
- 1 szklanka cienko pokrojonych grzybów shiitake
- ¼ szklanki cienko pokrojonej szalotki
- 8 liści sałaty bostońskiej

1. Aby przygotować szybko marynowane warzywa, w dużej misce wymieszaj marchewkę, daikon i cebulę. W przypadku solanki w rondlu podgrzej sok jabłkowy i ocet, aż pojawi się para. Wlej solankę na warzywa w misce; przykryć i schłodzić, aż będzie gotowy do podania.

2. Na dużej patelni rozgrzej 1 łyżkę oleju na średnim ogniu. Używając trzepaczki, lekko ubij jajka. Dodaj jajka na patelnię; gotować, bez mieszania, aż ostygnie na dnie, około 3 minut. Za pomocą elastycznej szpatułki ostrożnie odwróć jajko i smaż z drugiej strony. Zdjąć jajko z patelni na talerz.

3. Ponownie podgrzej patelnię; dodać pozostałą 1 łyżkę oleju. Dodaj paski wieprzowe, imbir i czosnek. Gotuj i mieszaj na średnim ogniu przez około 4 minuty lub do momentu, aż wieprzowina przestanie być różowa. Dodaj kapustę i grzyby; gotuj i mieszaj przez około 4 minuty, aż kapusta zwiędnie, grzyby zmiękną, a wieprzowina się ugotuje. Zdjąć patelnię z ognia. Ugotowane jajko pokroić w paski. Delikatnie wymieszaj paski jajek i szalotki w mieszance wieprzowej. Podawać w liściach sałaty i udekorować marynowanymi warzywami.

KOTLETY SCHABOWE Z MAKADAMIAMI, SZAŁWIĄ, FIGAMI I PUREE Z BATATÓW

PRZYGOTOWANIE: 15 minut gotować: 25 minut sprawia, że: 4 porcje

W POŁĄCZENIU Z PUREE ZE SŁODKICH ZIEMNIAKÓW, TE SOCZYSTE KOTLETY Z SZAŁWIĄ TO IDEALNY JESIENNY POSIŁEK – I TAKI, KTÓRY MOŻNA SZYBKO NAPRAWIĆ, DZIĘKI CZEMU JEST IDEALNY NA PRACOWITY WIECZÓR W TYGODNIU.

- 4 kotlety schabowe bez kości, pokrojone na 1¼ cala grubości
- 3 łyżki posiekanej świeżej szałwii
- ¼ łyżeczki czarnego pieprzu
- 3 łyżki oleju z orzechów makadamia
- 2 funty słodkich ziemniaków, obranych i pokrojonych na 1-calowe kawałki
- ¾ szklanki posiekanych orzechów makadamia
- ½ szklanki posiekanych suszonych fig
- ⅓ szklanki bulionu z kości wołowych (zob przepis) lub bulion wołowy bez dodatku soli
- 1 łyżka świeżego soku z cytryny

1. Posyp kotlety schabowe z obu stron 2 łyżkami szałwii i pieprzu; rozetrzyj palcami. Na dużej patelni rozgrzej 2 łyżki oleju na średnim ogniu. Dodaj kotlety na patelnię; gotuj przez 15 do 20 minut lub do końca (145 ° F), obracając raz w połowie gotowania. Przenieś kotlety na talerz; przykryć, aby się rozgrzać.

2. W międzyczasie w dużym rondlu połącz słodkie ziemniaki z taką ilością wody, aby je przykryła. Doprowadzić do wrzenia; zredukować ciepło. Przykryj i gotuj na wolnym ogniu przez 10 do 15 minut lub do momentu, aż ziemniaki

będą miękkie. Odcedź ziemniaki. Dodaj pozostałą łyżkę oleju makadamia do ziemniaków i zmiksuj na krem; trzymaj się ciepło.

3. Na sos dodać na patelnię orzechy makadamia; smażyć na średnim ogniu tylko do zrumienienia. Dodaj suszone figi i pozostałą 1 łyżkę szałwii; gotować przez 30 sekund. Dodaj bulion z kości wołowej i sok z cytryny na patelnię, mieszając, aby zeskrobać zrumienione kawałki. Nałóż sos na kotlety wieprzowe i podawaj z puree ze słodkich ziemniaków.

PIECZONE NA PATELNI ROZMARYNOWO-LAWENDOWE KOTLETY WIEPRZOWE Z WINOGRONAMI I PRAŻONYMI ORZECHAMI WŁOSKIMI

PRZYGOTOWANIE: 10 minut gotowanie: 6 minut pieczenie: 25 minut przygotowanie: 4 porcji

PIECZENIE WINOGRON WRAZ Z KOTLETAMI SCHABOWYMI POTĘGUJE ICH SMAK I SŁODYCZ. WRAZ Z CHRUPIĄCYMI PRAŻONYMI ORZECHAMI WŁOSKIMI I ODROBINĄ ŚWIEŻEGO ROZMARYNU STANOWIĄ WSPANIAŁY DODATEK DO TYCH OBFITYCH KOTLETÓW.

2 łyżki posiekanego świeżego rozmarynu

1 łyżka posiekanej świeżej lawendy

½ łyżeczki czosnku w proszku

½ łyżeczki czarnego pieprzu

4 kotlety schabowe, pokrojone na grubość 1¼ cala (około 3 funtów)

1 łyżka oliwy z oliwek

1 duża szalotka, cienko pokrojona

1½ szklanki czerwonych i/lub zielonych winogron bez pestek

½ szklanki wytrawnego białego wina

¾ szklanki grubo posiekanych orzechów włoskich

Posiekany świeży rozmaryn

1. Rozgrzej piekarnik do 375°F. W małej misce połącz 2 łyżki rozmarynu, lawendy, czosnku w proszku i pieprzu. Równomiernie natrzeć mieszanką ziół kotlety schabowe. Na bardzo dużej patelni żaroodpornej rozgrzej oliwę z oliwek na średnim ogniu. Dodaj kotlety na patelnię; smaż

przez 6 do 8 minut lub do zrumienienia z obu stron. Przenieś kotlety na talerz; przykryć folią.

2. Dodaj szalotkę do patelni. Gotuj i mieszaj na średnim ogniu przez 1 minutę. Dodaj winogrona i wino. Gotuj jeszcze około 2 minut, mieszając, aby zeskrobać zrumienione kawałki. Kotlety wieprzowe przełożyć z powrotem na patelnię. Umieść patelnię w piekarniku; piecz przez 25 do 30 minut lub do momentu, aż kotlety będą gotowe (145°F).

3. W międzyczasie rozłóż orzechy włoskie na płytkiej blasze do pieczenia. Dodaj do piekarnika z kotletami. Piecz około 8 minut lub do momentu, aż się zrumienią, mieszając raz, aby równomiernie się zrumieniły.

4. Aby podać, połóż kotlety wieprzowe z winogronami i prażonymi orzechami włoskimi. Posyp dodatkowo świeżym rozmarynem.

KOTLECIKI WIEPRZOWE ALLA FIORENTINA Z GRILLOWANYM BROKUŁEM RABE

PRZYGOTOWANIE: 20 minut grill: 20 minut marynowanie: 3 minuty to: 4 porcje ZDJĘCIE

„ALLA FIORENTINA" ZASADNICZO OZNACZA „W STYLU FLORENCKIM". TEN PRZEPIS JEST WZOROWANY NA BISTECCA ALLA FIORENTINA, TOSKAŃSKIM T-BONE GRILLOWANYM NA OGNIU Z DREWNA Z NAJPROSTSZYMI AROMATAMI - ZWYKLE TYLKO OLIWĄ Z OLIWEK, SOLĄ, CZARNYM PIEPRZEM I WYCISKANIEM ŚWIEŻEJ CYTRYNY NA KONIEC.

- 1 funt wścieklizny brokułowej
- 1 łyżka oliwy z oliwek
- 4 6- do 8-uncjowe kotlety schabowe z kością, pokrojone na grubość 1½ do 2 cali
- Grubo mielony czarny pieprz
- 1 cytryna
- 4 ząbki czosnku, cienko pokrojone
- 2 łyżki posiekanego świeżego rozmarynu
- 6 listków świeżej szałwii, posiekanych
- 1 łyżeczka mielonych płatków czerwonej papryki (lub do smaku)
- ½ szklanki oliwy z oliwek

1. W dużym rondlu blanszować brokuły we wrzącej wodzie przez 1 minutę. Natychmiast przełóż do miski z lodowatą wodą. Gdy ostygnie, odsącz brokuły na blasze do pieczenia wyłożonej ręcznikiem papierowym, osuszając tak suche, jak to możliwe dodatkowymi ręcznikami papierowymi. Zdejmij ręczniki papierowe z blachy do pieczenia. Skrop brokuły rabe 1 łyżką oliwy z oliwek, podrzucając do płaszcza; odstawić do czasu grillowania.

2. Kotlety schabowe posypać z obu stron grubo mielonym pieprzem; odłożyć na bok. Za pomocą obieraczki do warzyw usuń paski skórki z cytryny (zostaw cytrynę do innego użytku). Rozłóż paski skórki cytryny, pokrojony czosnek, rozmaryn, szałwię i zmiażdżoną czerwoną paprykę na dużym półmisku; odłożyć na bok.

3. W przypadku grilla węglowego przenieś większość rozżarzonych węgli na jedną stronę grilla, pozostawiając trochę węgla pod drugą stroną grilla. Smaż kotlety bezpośrednio nad rozżarzonymi węglami przez 2 do 3 minut lub do momentu powstania brązowej skórki. Odwróć kotlety i smaż z drugiej strony jeszcze przez 2 minuty. Przełóż kotlety na drugą stronę grilla. Przykryć i grillować przez 10 do 15 minut lub do momentu, aż będą gotowe (145°F). (W przypadku grilla gazowego rozgrzej grill; zredukuj ciepło z jednej strony grilla do średniego. Obsmaż kotlety zgodnie z powyższym opisem na dużym ogniu. Przenieś na stronę grilla o średniej mocy; kontynuuj zgodnie z powyższymi instrukcjami.)

4. Przełóż kotlety na półmisek. Skrop kotlety ½ szklanki oliwy z oliwek, obracając, aby pokryć obie strony. Pozwól kotletom marynować się przez 3 do 5 minut przed podaniem, obracając raz lub dwa razy, aby nasycić mięso smakami skórki cytryny, czosnku i ziół.

5. Podczas gdy kotlety odpoczywają, grilluj brokuły, aby lekko się zwęgliły i podgrzały. Ułożyć brokuły rabe na półmisku z kotletami schabowymi; Przed podaniem nałóż trochę marynaty na każdy kotlet i brokuły.

KOTLETY SCHABOWE NADZIEWANE ESKAROLĄ

PRZYGOTOWANIE: 20 minut gotować: 9 minut sprawia, że: 4 porcje

ESCAROLE MOŻNA JEŚĆ JAKO ZIELONĄ SAŁATKĘ LUB LEKKO PODSMAŻONE Z CZOSNKIEM NA OLIWIE Z OLIWEK JAKO SZYBKI DODATEK. TUTAJ, W POŁĄCZENIU Z OLIWĄ Z OLIWEK, CZOSNKIEM, CZARNYM PIEPRZEM, ZMIAŻDŻONĄ CZERWONĄ PAPRYKĄ I CYTRYNĄ, TWORZY PIĘKNE JASNOZIELONE NADZIENIE DO SOCZYSTYCH KOTLETÓW WIEPRZOWYCH.

4 6- do 8-uncjowe kotlety wieprzowe z kością, pokrojone na ¾ cala grubości

½ średniogłowej escarole, drobno posiekanej

4 łyżki oliwy z oliwek

1 łyżka świeżego soku z cytryny

¼ łyżeczki czarnego pieprzu

¼ łyżeczki mielonej czerwonej papryki

2 duże ząbki czosnku, posiekane

Oliwa z oliwek

1 łyżka posiekanej świeżej szałwii

¼ łyżeczki czarnego pieprzu

⅓ szklanki wytrawnego białego wina

1. Używając noża do parowania, wytnij głęboką kieszeń o szerokości około 2 cali w zakrzywionej stronie każdego kotleta wieprzowego; odłożyć na bok.

2. W dużej misce połącz escarole, 2 łyżki oliwy z oliwek, sok z cytryny, ¼ łyżeczki czarnego pieprzu, zmiażdżoną czerwoną paprykę i czosnek. Napełnij każdy kotlet jedną czwartą mieszanki. Kotlety posmarować oliwą z oliwek. Posypać szałwią i ¼ łyżeczki mielonego czarnego pieprzu.

3. Na bardzo dużej patelni rozgrzej pozostałe 2 łyżki oliwy z oliwek na średnim ogniu. Smaż wieprzowinę przez 4 minuty z każdej strony na złoty kolor. Kotlety przełożyć na talerz. Wlej wino na patelnię, zeskrobując zrumienione kawałki. Redukuj soki z patelni przez 1 minutę.

4. Skrop kotlety sosem z patelni przed podaniem.

KOTLETY WIEPRZOWE Z CIASTEM DIJON-PECAN

PRZYGOTOWANIE:15 minut gotować: 6 minut piec: 3 minuty to: 4 porcjeZDJĘCIE

TE KOTLETY W PANIERCE Z MUSZTARDY I ORZECHÓWNIE MOŻE BYĆ PROSTSZY DO WYKONANIA — A EFEKT SMAKOWY ZNACZNIE PRZEWYŻSZA WYSIŁEK. WYPRÓBUJ JE Z PIECZONĄ CYNAMONEM DYNIĄ PIŻMOWĄ (ZOBPRZEPIS), NEOKLASYCZNA SAŁATKA WALDORFSKA (ZOBPRZEPIS), CZY BRUKSELKA I SAŁATKA JABŁKOWA (ZOBPRZEPIS).

- ⅓ szklanki drobno posiekanych orzechów pekan, uprażonych (zobwskazówka)
- 1 łyżka posiekanej świeżej szałwii
- 3 łyżki oliwy z oliwek
- 4 kotlety wieprzowe z kością w środku, o grubości około 1 cala (łącznie około 2 funtów)
- ½ łyżeczki czarnego pieprzu
- 2 łyżki oliwy z oliwek
- 3 łyżki musztardy Dijon (zobprzepis)

1. Rozgrzej piekarnik do 400°F. W małej misce połącz orzechy pekan, szałwię i 1 łyżkę oliwy z oliwek.

2. Posyp kotlety schabowe pieprzem. Na dużej patelni żaroodpornej podgrzej pozostałe 2 łyżki oliwy z oliwek na dużym ogniu. Dodaj kotlety; smaż około 6 minut lub do zrumienienia z obu stron, obracając raz. Zdjąć patelnię z ognia. Rozłóż musztardę Dijon na wierzchu kotletów; posypać mieszanką orzechów pekan, lekko wciskając w musztardę.

3. Umieść patelnię w piekarniku. Piec przez 3 do 4 minut lub do momentu, aż kotlety będą gotowe (145°F).

WIEPRZOWINA W ORZECHOWEJ PANIERCE Z SAŁATKĄ ZE SZPINAKU JEŻYNOWEGO

PRZYGOTOWANIE: 30 minut gotować: 4 minuty to: 4 porcje

WIEPRZOWINA MA NATURALNIE SŁODKI SMAK DOBRZE KOMPONUJE SIĘ Z OWOCAMI. CHOCIAŻ ZWYKLE PODEJRZANYMI SĄ OWOCE JESIENNE, TAKIE JAK JABŁKA I GRUSZKI – LUB OWOCE PESTKOWE, TAKIE JAK BRZOSKWINIE, ŚLIWKI I MORELE – WIEPRZOWINA JEST RÓWNIEŻ PYSZNA Z JEŻYNAMI, KTÓRE MAJĄ SŁODKO-CIERPKI, PODOBNY DO WINA SMAK.

1⅔ szklanki jeżyn

1 łyżka plus 1½ łyżeczki wody

3 łyżki oleju z orzechów włoskich

1 łyżka plus 1½ łyżeczki białego octu winnego

2 jajka

¾ szklanki mąki migdałowej

⅓ szklanki drobno posiekanych orzechów włoskich

1 łyżka stołowa plus 1½ łyżeczki przyprawy śródziemnomorskiej (zob przepis)

4 kotlety wieprzowe lub kotlety schabowe bez kości (łącznie od 1 do 1½ funta)

6 filiżanek świeżych liści szpinaku baby

½ szklanki podartych listków świeżej bazylii

½ szklanki posiekanej czerwonej cebuli

½ szklanki posiekanych orzechów włoskich, prażonych (zob wskazówka)

¼ szklanki rafinowanego oleju kokosowego

1. Aby przygotować winegret jeżynowy, w małym rondlu wymieszaj 1 szklankę jeżyn i wodę. Doprowadzić do wrzenia; zredukować ciepło. Dusić pod przykryciem przez 4 do 5 minut lub tylko do momentu, aż jagody zmiękną, a kolor zmieni się na jasny bordowy, od czasu do czasu

mieszając. Zdjąć z ognia; lekko schłodzić. Wlej nieodsączone jeżyny do blendera lub robota kuchennego; przykryj i zmiksuj lub zmiksuj na gładką masę. Tylną częścią łyżki przeciśnij puree z jagód przez sito o drobnych oczkach; odrzucić nasiona i substancje stałe. W średniej misce wymieszaj przecedzone jagody, olej z orzechów włoskich i ocet; odłożyć na bok.

2. Wyłóż dużą blachę do pieczenia pergaminem; odłożyć na bok. W płytkim naczyniu lekko ubij jajka widelcem. W innym płytkim naczyniu połącz mąkę migdałową, ⅓ szklanki drobno posiekanych orzechów włoskich i przyprawę śródziemnomorską. Zanurz kotlety wieprzowe, jeden po drugim, w jajku, a następnie w mieszance orzechów włoskich, obracając, aby równomiernie pokryć. Umieść panierowane kotlety wieprzowe na przygotowanej blasze do pieczenia; odłożyć na bok.

3. W dużej misce wymieszaj szpinak i bazylię. Podziel warzywa na cztery talerze do serwowania, układając je wzdłuż jednej strony talerzy. Na wierzch połóż pozostałe ⅔ szklanki jagód, czerwoną cebulę i ½ szklanki prażonych orzechów włoskich. Skrop winegretem jeżynowym.

4. Na bardzo dużej patelni rozgrzej olej kokosowy na średnim ogniu. Dodaj kotlety wieprzowe do patelni; gotuj około 4 minut lub do momentu, aż będzie gotowe (145°F), obracając raz. Dodaj kotlety wieprzowe do talerzy z sałatką.

SCHABOWY Z SŁODKO-KWAŚNĄ CZERWONĄ KAPUSTĄ

PRZYGOTOWANIE: 20 minut gotować: 45 minut sprawia, że: 4 porcje

W „ZASADY PALEO" ROZDZIAŁ TEJ KSIĄŻKI, MĄKA MIGDAŁOWA (ZWANA TAKŻE MĄCZKĄ MIGDAŁOWĄ) JEST WYMIENIONA JAKO SKŁADNIK INNY NIŻ PALEO – NIE DLATEGO, ŻE MĄKA MIGDAŁOWA JEST Z NATURY ZŁA, ALE DLATEGO, ŻE JEST CZĘSTO UŻYWANA DO TWORZENIA ANALOGÓW CIASTEK, CIAST, CIASTECZEK ITP. BYĆ STAŁYM ELEMENTEM REAL PALEO DIET®. STOSOWANY Z UMIAREM JAKO PANIERKA DO CIENKIEGO PRZEGRZEBKA SMAŻONEJ WIEPRZOWINY LUB DROBIU, TAK JAK TUTAJ, NIE STANOWI PROBLEMU.

KAPUSTA

- 2 łyżki oliwy z oliwek
- 1 szklanka posiekanej czerwonej cebuli
- 6 filiżanek cienko pokrojonej czerwonej kapusty (około ½ główki)
- 2 jabłka Granny Smith, obrane, pozbawione gniazd nasiennych i pokrojone w kostkę
- ¾ szklanki świeżego soku pomarańczowego
- 3 łyżki octu jabłkowego
- ½ łyżeczki kminku
- ½ łyżeczki nasion selera
- ½ łyżeczki czarnego pieprzu

WIEPRZOWINA

- 4 kotlety schabowe bez kości, pokrojone na ½ cala grubości
- 2 szklanki mąki migdałowej
- 1 łyżka suszonej skórki z cytryny
- 2 łyżeczki czarnego pieprzu
- ¾ łyżeczki mielonego ziela angielskiego

1 duże jajko
¼ szklanki mleka migdałowego
3 łyżki oliwy z oliwek
cząstki cytryny

1. W przypadku kapusty słodko-kwaśnej w 6-kwartowym holenderskim piekarniku rozgrzej oliwę z oliwek na średnim ogniu. Dodaj cebulę; gotuj przez 6 do 8 minut lub do miękkości i lekkiego zrumienienia. Dodaj kapustę; gotować i mieszać przez 6 do 8 minut lub do momentu, aż kapusta będzie chrupiąca. Dodaj jabłka, sok pomarańczowy, ocet, kminek, nasiona selera i ½ łyżeczki pieprzu. Doprowadzić do wrzenia; zmniejszyć ciepło do niskiego. Przykryj i gotuj przez 30 minut, od czasu do czasu mieszając. Odkryć i gotować, aż płyn nieco się zredukuje.

2. W międzyczasie, w przypadku wieprzowiny, umieść kotlety między dwoma arkuszami plastikowego opakowania lub woskowanego papieru. Używając płaskiej strony tłuczka do mięsa lub wałka do ciasta, rozbij na grubość około ¼ cala; odłożyć na bok.

3. W płytkim naczyniu wymieszaj mąkę migdałową, suszoną skórkę z cytryny, 2 łyżeczki pieprzu i ziele angielskie. W innym płytkim naczyniu wymieszaj jajko i mleko migdałowe. Lekko obtaczamy kotlety wieprzowe w przyprawionej mące, strzepując jej nadmiar. Zanurz w mieszance jaj, a następnie ponownie w przyprawionej mące, strzepując nadmiar. Powtórz z pozostałymi kotletami.

4. Na dużej patelni rozgrzej oliwę z oliwek na średnim ogniu. Dodaj 2 kotlety na patelnię. Gotuj przez 6 do 8 minut lub

do momentu, aż kotlety będą złotobrązowe i ugotowane, obracając raz. Kotlety przełożyć na ciepły talerz. Powtórz z pozostałymi 2 kotletami.

5. Podawaj kotlety z kapustą i kawałkami cytryny.

DUSZONA PIERŚ INDYKA Z SOSEM SZCZYPIORKOWYM SCAMPI

PRZYGOTOWANIE: 30 minut gotować: 15 minut sprawia, że: 4 porcje ZDJĘCIE

ABY PRZEKROIĆ POLĘDWICZKI Z INDYKA NA PÓŁPOZIOMO TAK RÓWNOMIERNIE, JAK TO MOŻLIWE, LEKKO DOCIŚNIJ KAŻDY Z NICH DŁONIĄ, STOSUJĄC STAŁY NACISK PODCZAS PRZECINANIA MIĘSA.

- ¼ szklanki oliwy z oliwek
- 2 polędwiczki z piersi indyka o wadze od 8 do 12 uncji, przecięte na pół poziomo
- ¼ łyżeczki świeżo zmielonego czarnego pieprzu
- 3 łyżki oliwy z oliwek
- 4 ząbki czosnku, posiekane
- 8 uncji obranych i pozbawionych żył średnich krewetek, usuniętych ogonów i przekrojonych wzdłuż na pół
- ¼ szklanki wytrawnego białego wina, bulionu z kości kurczaka (zob przepis) lub rosół z kurczaka bez dodatku soli
- 2 łyżki posiekanego świeżego szczypiorku
- ½ łyżeczki drobno startej skórki z cytryny
- 1 łyżka świeżego soku z cytryny
- Makaron Squash Z Pomidorami (zob przepis, poniżej) (opcjonalnie)

1. Na bardzo dużej patelni rozgrzej 1 łyżkę oliwy z oliwek na średnim ogniu. Dodaj indyka do patelni; posypać pieprzem. Zredukuj ciepło do średniego. Gotuj przez 12 do 15 minut lub do momentu, gdy przestanie być różowy, a

soki będą klarowne (165 ° F), obracając raz w połowie czasu gotowania. Zdjąć steki z indyka z patelni. Przykryć folią, żeby się nie rozgrzały.

2. W przypadku sosu na tej samej patelni rozgrzej 3 łyżki oleju na średnim ogniu. Dodaj czosnek; gotować przez 30 sekund. Wmieszaj krewetki; gotować i mieszać przez 1 minutę. Dodaj wino, szczypiorek i skórkę z cytryny; gotuj i mieszaj jeszcze przez 1 minutę lub do momentu, aż krewetki staną się nieprzejrzyste. Zdjąć z ognia; wymieszać z sokiem z cytryny. Aby podać, polej sosem łyżkę steków z indyka. W razie potrzeby podawaj z makaronem do squasha i pomidorami.

Makaron do squasha i pomidory: Używając mandoliny lub obieraczki do julienne, pokrój 2 żółte letnie kabaczki w paski julienne. Na dużej patelni podgrzej 1 łyżkę oliwy z oliwek extra virgin na średnim ogniu. Dodaj paski do squasha; gotować przez 2 minuty. Dodaj 1 szklankę pomidorów winogronowych pokrojonych w ćwiartki i ¼ łyżeczki świeżo zmielonego czarnego pieprzu; gotuj jeszcze przez 2 minuty lub do momentu, aż dynia będzie chrupiąca.

DUSZONE NOGI INDYKA Z WARZYWAMI KORZENNYMI

PRZYGOTOWANIE: 30 minut gotować: 1 godzina 45 minut sprawia, że: 4 porcje

TO JEDNO Z TYCH DAŃCHCESZ ZROBIĆ W RZEŚKIE JESIENNE POPOŁUDNIE, KIEDY MASZ CZAS NA SPACER, PODCZAS GDY GOTUJE SIĘ W PIEKARNIKU. JEŚLI ĆWICZENIE NIE WZMAGA APETYTU, Z PEWNOŚCIĄ ZROBI TO WSPANIAŁY ZAPACH, KTÓRY ROZCHODZI SIĘ PO PRZEKROCZENIU PROGU.

- 3 łyżki oliwy z oliwek
- 4 nogi z indyka o wadze od 20 do 24 uncji
- ½ łyżeczki świeżo zmielonego czarnego pieprzu
- 6 ząbków czosnku, obranych i zmiażdżonych
- 1½ łyżeczki nasion kopru włoskiego, posiniaczonych
- 1 łyżeczka całego ziela angielskiego, posiekanego*
- 1½ szklanki bulionu z kości kurczaka (zob przepis) lub rosół z kurczaka bez dodatku soli
- 2 gałązki świeżego rozmarynu
- 2 gałązki świeżego tymianku
- 1 liść laurowy
- 2 duże cebule, obrane i pokrojone na 8 klinów
- 6 dużych marchewek, obranych i pokrojonych w 1-calowe plasterki
- 2 duże rzepy, obrane i pokrojone w 1-calowe kostki
- 2 średnie pasternaki, obrane i pokrojone w 1-calowe plastry**
- 1 korzeń selera, obrany i pokrojony na 1-calowe kawałki

1. Rozgrzej piekarnik do 350°F. Na dużej patelni rozgrzej oliwę z oliwek na średnim ogniu, aż zacznie połyskiwać. Dodaj 2 udka z indyka. Smaż około 8 minut lub do momentu, aż udka będą złotobrązowe i chrupiące ze wszystkich stron, równomiernie brązowiejąc. Przenieś

udka z indyka na talerz; powtórz z pozostałymi 2 nogami indyka. Odłożyć na bok.

2. Dodaj na patelnię pieprz, czosnek, nasiona kopru włoskiego i ziele angielskie. Gotuj i mieszaj na średnim ogniu przez 1 do 2 minut lub do uzyskania aromatu. Wmieszaj bulion z kurczaka, rozmaryn, tymianek i liść laurowy. Doprowadzić do wrzenia, mieszając, aby zeskrobać przyrumienione kawałki z dna patelni. Zdejmij patelnię z ognia i odłóż na bok.

3. W bardzo dużym holenderskim piekarniku z ciasno przylegającą pokrywą połącz cebulę, marchewkę, rzepę, pasternak i korzeń selera. Dodaj płyn z patelni; wrzucić do płaszcza. Wciśnij udka z indyka w mieszankę warzywną. Przykryć pokrywką.

4. Piecz około 1 godziny 45 minut lub do momentu, aż warzywa będą miękkie, a indyk będzie ugotowany. Podawaj udka z indyka i warzywa w dużych płytkich miskach. Skropić soki z patelni na wierzchu.

*Wskazówka: Aby zmiażdżyć nasiona ziela angielskiego i kopru włoskiego, umieść nasiona na desce do krojenia. Używając płaskiej strony noża szefa kuchni, naciśnij, aby lekko zmiażdżyć nasiona.

**Wskazówka: Pokrój w kostkę duże kawałki pasternaku.

ZIOŁOWA KOTLET Z INDYKA Z KARMELIZOWANYM KETCHUPEM Z CEBULI I KAWAŁKAMI PIECZONEJ KAPUSTY

PRZYGOTOWANIE: 15 minut gotowanie: 30 minut pieczenie: 1 godzina 10 minut odstawanie: 5 minut przygotowanie: 4 porcje

KLASYCZNY KOTLET MIELONY Z KETCHUPEM JEST ZDECYDOWANIEW MENU PALEO, GDY KETCHUP (PATRZ PRZEPIS) JEST WOLNY OD SOLI I DODANYCH CUKRÓW. TUTAJ KECZUP MIESZA SIĘ RAZEM Z KARMELIZOWANĄ CEBULĄ, KTÓRĄ PRZED PIECZENIEM UKŁADA SIĘ NA WIERZCHU BOCHENKA.

- 1½ funta mielonego indyka
- 2 jajka, lekko ubite
- ½ szklanki mąki migdałowej
- ⅓ szklanki posiekanej świeżej pietruszki
- ¼ szklanki cienko pokrojonej szalotki (2)
- 1 łyżka posiekanej świeżej szałwii lub 1 łyżeczka suszonej szałwii, zmiażdżonej
- 1 łyżka posiekanego świeżego tymianku lub 1 łyżeczka suszonego tymianku, rozgniecionego
- ¼ łyżeczki czarnego pieprzu
- 2 łyżki oliwy z oliwek
- 2 słodkie cebule, przekrojone na pół i cienko pokrojone
- 1 szklanka ketchupu Paleo (ok przepis)
- 1 mała kapusta głowiasta, przekrojona na pół, wydrążona i pokrojona na 8 klinów
- ½ do 1 łyżeczki mielonej czerwonej papryki

1. Rozgrzej piekarnik do 350°F. Wyłóż dużą blachę do pieczenia pergaminem; odłożyć na bok. W dużej misce połącz mielonego indyka, jajka, mąkę migdałową,

pietruszkę, dymkę, szałwię, tymianek i czarny pieprz. W przygotowanej brytfannie uformuj mieszankę z indyka w bochenek o wymiarach 8 × 4 cale. Piec przez 30 minut.

2. W międzyczasie, na karmelizowany ketchup z cebuli, na dużej patelni rozgrzać na średnim ogniu 1 łyżkę oliwy z oliwek. Dodaj cebulę; gotuj około 5 minut lub do momentu, gdy cebula zacznie się rumienić, często mieszając. Zredukuj ciepło do średnio-niskiego; gotuj około 25 minut lub do momentu, aż będą złociste i bardzo miękkie, od czasu do czasu mieszając. Zdjąć z ognia; wymieszać z ketchupem Paleo.

3. Nałóż trochę ketchupu z karmelizowanej cebuli na bochenek z indyka. Ułóż ćwiartki kapusty wokół bochenka. Skrop kapustę pozostałą 1 łyżką oliwy z oliwek; posypać mieloną czerwoną papryką. Piec około 40 minut lub do momentu, gdy termometr z natychmiastowym odczytem umieszczony w środku bochenka zarejestruje 165 ° F, polewając dodatkowym karmelizowanym keczupem z cebuli i obracając ćwiartki kapusty po 20 minutach. Odstaw bochenek z indyka na 5 do 10 minut przed pokrojeniem.

4. Pieczeń z indyka podawaj z ćwiartkami kapusty i resztką ketchupu z karmelizowanej cebuli.

TURCJA POSOLE

PRZYGOTOWANIE: 20 minut opiekanie: 8 minut gotowanie: 16 minut przygotowanie: 4 porcje

DODATKI DO TEJ ROZGRZEWAJĄCEJ ZUPY W STYLU MEKSYKAŃSKIMSĄ CZYMŚ WIĘCEJ NIŻ OZDOBAMI. KOLENDRA DODAJE CHARAKTERYSTYCZNEGO SMAKU, AWOKADO DODAJE KREMOWOŚCI, A PRAŻONY PEPITA ZAPEWNIA ZACHWYCAJĄCĄ CHRUPKOŚĆ.

- 8 świeżych pomidorów
- 1¼ do 1½ funta mielonego indyka
- 1 czerwona słodka papryka, pozbawiona nasion i pokrojona w cienkie paski wielkości kęsa
- ½ szklanki posiekanej cebuli (1 średnia)
- 6 ząbków czosnku, posiekanych (1 łyżka stołowa)
- 1 łyżka przyprawy meksykańskiej (zob przepis)
- 2 szklanki bulionu z kości kurczaka (zob przepis) lub rosół z kurczaka bez dodatku soli
- 1 14,5-uncjowa puszka pieczonych pomidorów bez dodatku soli, nieodsączonych
- 1 papryczka chili jalapeño lub serrano, pozbawiona nasion i posiekana (zob wskazówka)
- 1 średnie awokado, przekrojone na pół, obrane, pozbawione nasion i pokrojone w cienkie plasterki
- ¼ szklanki niesolonych pepitas, uprażonych (zob wskazówka)
- ¼ szklanki posiekanej świeżej kolendry
- Ćwiartki limonki

1. Rozgrzej brojler. Usuń łuski z pomidorów i wyrzuć. Umyj pomidory i pokrój na połówki. Umieść połówki pomidorów na nieogrzewanym ruszcie patelni brojlerów. Podsmażaj 4 do 5 cali z ognia przez 8 do 10 minut lub do lekkiego zwęglenia, obracając raz w połowie opiekania. Ostudzić lekko na patelni na stojaku z drutu.

2. W międzyczasie na dużej patelni smaż indyka, słodką paprykę i cebulę na średnim ogniu przez 5 do 10 minut lub do momentu, aż indyk się zrumieni, a warzywa będą miękkie, mieszając drewnianą łyżką, aby rozbić mięso podczas gotowania. W razie potrzeby odsączyć tłuszcz. Dodać czosnek i przyprawę meksykańską. Gotuj i mieszaj jeszcze przez 1 minutę.

3. W blenderze połącz około dwóch trzecich zwęglonych pomidorów i 1 szklankę bulionu z kości kurczaka. Przykryć i miksować do uzyskania gładkości. Dodaj do mieszanki z indyka na patelni. Wymieszaj pozostałą 1 szklankę bulionu z kości kurczaka, nieodsączone pomidory i papryczkę chilli. Grubo posiekaj pozostałe pomidory; dodać do mieszanki z indyka. Doprowadzić do wrzenia; zredukować ciepło. Przykryj i gotuj przez 10 minut.

4. Aby podać, nalej zupę chochlą do płytkich misek. Udekoruj awokado, pepitą i kolendrą. Przełóż kliny limonki, aby wycisnąć zupę.

ROSÓŁ Z KURCZAKA

PRZYGOTOWANIE: 15 minut pieczenie: 30 minut gotowanie: 4 godziny chłodzenie: przez noc wychodzi: około 10 filiżanek

DLA NAJŚWIEŻSZEGO, NAJLEPSZEGO SMAKU — I NAJWYŻSZEGOZAWARTOŚĆ SKŁADNIKÓW ODŻYWCZYCH — UŻYWAJ DOMOWEGO BULIONU Z KURCZAKA W SWOICH PRZEPISACH. (NIE ZAWIERA RÓWNIEŻ SOLI, KONSERWANTÓW ANI DODATKÓW). PIECZENIE KOŚCI PRZED GOTOWANIEM POPRAWIA SMAK. GDY POWOLI GOTUJĄ SIĘ W PŁYNIE, KOŚCI NASYCAJĄ BULION MINERAŁAMI, TAKIMI JAK WAPŃ, FOSFOR, MAGNEZ I POTAS. PONIŻSZA ODMIANA POWOLNEJ KUCHENKI SPRAWIA, ŻE JEST TO SZCZEGÓLNIE ŁATWE. ZAMROŹ W POJEMNIKACH NA 2 I 4 FILIŻANKI I ROZMRAŻAJ TYLKO TYLE, ILE POTRZEBUJESZ.

2 funty skrzydełek i grzbietów kurczaka

4 marchewki, posiekane

2 duże pory, tylko biała i jasnozielona część, pokrojone w cienkie plasterki

2 łodygi selera naciowego z liśćmi, grubo posiekane

1 pasternak, grubo posiekany

6 dużych gałązek włoskiej (płaskiej) pietruszki

6 gałązek świeżego tymianku

4 ząbki czosnku, przekrojone na pół

2 łyżeczki całych ziaren czarnego pieprzu

2 całe goździki

Zimna woda

1. Rozgrzej piekarnik do 425°F. Ułóż skrzydełka i grzbiety kurczaka na dużej blasze do pieczenia; piecz przez 30 do 35 minut lub do momentu, aż dobrze się zrumienią.

2. Przenieś zrumienione kawałki kurczaka i wszelkie przyrumienione kawałki, które zgromadziły się na blasze do pieczenia, do dużego garnka. Dodaj marchew, por, seler, pasternak, pietruszkę, tymianek, czosnek, pieprz i goździki. Do dużego garnka wlej tyle zimnej wody (około 12 filiżanek), aby przykryła kurczaka i warzywa. Doprowadzić do wrzenia na średnim ogniu; dostosuj ciepło, aby utrzymać bulion na bardzo niskim ogniu, z bąbelkami po prostu pękającymi na powierzchni. Przykryj i gotuj przez 4 godziny.

3. Przecedź gorący bulion przez duży durszlak wyłożony dwiema warstwami wilgotnej gazy ze 100% bawełny. Odrzuć ciała stałe. Przykryć bulion i schłodzić przez noc. Przed użyciem usuń warstwę tłuszczu z wierzchu bulionu i wyrzuć.

Wskazówka: Aby sklarować bulion (opcjonalnie), w małej misce wymieszaj 1 białko, 1 pokruszoną skorupkę i ¼ szklanki zimnej wody. Wymieszaj mieszaninę w napiętym bulionie w garnku. Wróć do wrzenia. Zdjąć z ognia; odstaw na 5 minut. Przecedź gorący bulion przez durszlak wyłożony świeżą podwójną warstwą gazy ze 100% bawełny. Przed użyciem schłodzić i odtłuścić.

Wskazówki dotyczące powolnej kuchenki: Przygotuj zgodnie z zaleceniami, z wyjątkiem kroku 2, umieść składniki w powolnej kuchence o pojemności od 5 do 6 kwart. Przykryj i gotuj na małym ogniu przez 12 do 14 godzin. Kontynuuj zgodnie z zaleceniami w kroku 3. Wychodzi około 10 filiżanek.

SAŁATKA Z JARMUŻU Z JAGODAMI I PIECZONYMI BURAKAMI

PRZYGOTOWANIE: Pieczenie 25 minut: 30 minut to: 4 porcje ZDJĘCIE

TA SAŁATKA TO POTĘGA ODŻYWCZA. Z BURAKAMI, JARMUŻEM I JAGODAMI JEST PEŁEN PRZECIWUTLENIACZY, ŻELAZA, WAPNIA, WITAMIN, MINERAŁÓW I ZWIĄZKÓW PRZECIWZAPALNYCH. MOŻNA GO ŁATWO PRZEKSZTAŁCIĆ Z BOKU W DANIE GŁÓWNE — WYSTARCZY DODAĆ 4 UNCJE GOTOWANEGO ŁOSOSIA, KURCZAKA, WIEPRZOWINY LUB WOŁOWINY DO KAŻDEJ SAŁATKI.

- 3 średnie buraki (łącznie około 12 uncji), przycięte, obrane i pokrojone na ćwiartki
- 1 łyżka oliwy z oliwek
- 1 mała cebula, pokrojona w cienkie kliny
- 6 łyżek octu balsamicznego
- 6 łyżek oliwy z oliwek lub oleju lnianego
- ½ łyżeczki posiekanego świeżego rozmarynu lub tymianku
- 3 filiżanki podartej świeżej sałaty rzymskiej
- 2 szklanki rozdartego świeżego jarmużu
- ½ szklanki świeżych jagód
- ¼ szklanki orzechów laskowych, prażonych i grubo posiekanych*

1. Rozgrzej piekarnik do 425°F. Na blasze do pieczenia o wymiarach 15 × 10 × 1 cala wrzuć kliny buraków z 1 łyżką

oliwy z oliwek. Przykryć folią. Piec przez 10 minut. Usuń folię; dodaj cebulę, mieszając, aby połączyć. Piec bez przykrycia jeszcze około 20 minut lub do momentu, aż buraki i cebula będą miękkie.

2. Do dressingu zmiksuj w blenderze 2 kawałki pieczonych buraków, ocet, 6 łyżek oliwy z oliwek i rozmaryn. Przykryj i mieszaj, aż będzie bardzo gładka, w razie potrzeby zeskrobując boki miski.

3. Podziel sałatę rzymską i jarmuż na cztery talerze do serwowania. Na wierzchu udekorować pozostałymi pieczonymi burakami i cebulą. Skrop równomiernie dressingiem. Posypać jagodami i orzechami laskowymi.

* Wskazówka: Aby upiec orzechy laskowe, rozgrzej piekarnik do 350 ° F. Rozłóż orzechy w jednej warstwie na płytkiej blasze do pieczenia. Piecz przez 8 do 10 minut lub do lekkiego zrumienienia, raz mieszając, aby równomiernie się zrumieniły. Lekko ostudzić orzechy. Umieść ciepłe orzechy na czystym ręczniku kuchennym; przetrzyj ręcznikiem, aby usunąć luźne skórki.

ZUPA Z PIECZONEJ MARCHEWKI Z PASTERNAKIEM Z ORZECHAMI GARAM MASALA „GRZANKI"

PRZYGOTOWANIE: 30 minut pieczenie: 30 minut gotowanie: 10 minut przygotowanie: 8 porcji

JEŚLI TWOJE MARCHEWKI SĄ SMUKŁE I ŚWIEŻEA SKÓRKA JEST STOSUNKOWO CIENKA, NAPRAWDĘ NIE TRZEBA ICH OBIERAĆ. WYSTARCZY ENERGICZNY PEELING SZCZOTKĄ DO WARZYW. TAK CZY INACZEJ, OTRZYMUJESZ CENNE SKŁADNIKI ODŻYWCZE, TAKIE JAK BETA-KAROTEN.

- Oliwa z oliwek
- 1½ funta marchwi, obranej, jeśli to pożądane, i pokrojonej na 1½-calowe kawałki
- 1½ funta pasternaku, obranego i pokrojonego na 1½-calowe kawałki
- 2 jabłka Granny Smith, obrane i pokrojone na 1½-calowe kawałki
- 2 żółte cebule, pokrojone na 1½-calowe kawałki
- 2 łyżki oliwy z oliwek
- 1 łyżeczka curry w proszku
- ¼ łyżeczki czarnego pieprzu
- 1 łyżka startego świeżego imbiru
- 6 szklanek bulionu z kości kurczaka (zob przepis) lub rosół z kurczaka bez dodatku soli
- 1 łyżeczka mielonego kminku

Rosół z kości kurczaka, rosół z kurczaka bez dodatku soli, woda lub niesłodzone mleko kokosowe (opcjonalnie)

Garam Masala Orzechowe „Grzanki" (patrz przepis po prawej)

1. Rozgrzej piekarnik do 400°F. Posmaruj bardzo dużą blachę do pieczenia z obrzeżami oliwą z oliwek. W bardzo dużej misce połącz marchewki, pasternak, jabłka i cebulę. W małej misce wymieszaj 2 łyżki oliwy z oliwek, ½ łyżeczki curry w proszku i pieprz. Zalać warzywami i jabłkami; wrzucić do płaszcza. Rozłóż warzywa i jabłka w jednej warstwie na przygotowanej blasze do pieczenia. Piec przez 30 do 40 minut lub do momentu, aż warzywa i jabłka będą bardzo miękkie.

2. Pracując w trzech partiach, umieść jedną trzecią mieszanki warzywno-jabłkowej i cały imbir w robocie kuchennym lub blenderze; dodaj 2 szklanki bulionu z kości kurczaka. Przykryj i przetwarzaj, aż będzie gładkie; przełożyć do dużego garnka. Powtórz z pozostałą mieszanką warzywno-jabłkową i 4 kolejnymi filiżankami bulionu. Dodaj pozostałe ½ łyżeczki curry w proszku i kminek do puree. Doprowadzić do wrzenia; zredukować ciepło. Gotować bez przykrycia przez 10 minut, aby smaki się połączyły. Jeśli zupa jest za gęsta, rozrzedź bulionem, wodą lub mlekiem kokosowym. Udekoruj każdą porcję 1 łyżką orzechową Garam Masala „Grzanki".

Garam Masala Nut „Grzanki": Rozgrzej piekarnik do 300 ° F. Delikatnie posmaruj obramowaną blachę do pieczenia oliwą z oliwek. W średniej misce wymieszaj 1 białko jajka, ½ łyżeczki wanilii, ½ łyżeczki garam masala lub przyprawy do szarlotki i szczyptę pieprzu cayenne. Wmieszaj 1 szklankę pokrojonych migdałów. Rozłóż na przygotowanej blaszce. Piec przez 15 do 25 minut lub do momentu, aż orzechy będą złote, mieszając co 5 minut. Całkowicie ostudzić. Pokrój duże kawałki. Przechowywać w przykrytym pojemniku do 1 tygodnia. Robi 1 filiżankę.

KREMOWA ZUPA Z SELERA NACIOWEGO Z OLEJEM ZIOŁOWYM

PRZYGOTOWANIE: 15 minut gotować: 30 minut sprawia, że: 4 porcje ZDJĘCIE

SKROMNY KORZEŃ SELERA — CZASAMI NAZYWANY SELEREM– JEST SĘKATY I SĘKATY I SZCZERZE MÓWIĄC WYGLĄDA TROCHĘ FUNKY. ALE POD DREWNIANĄ SKÓRKĄ ZNAJDUJE SIĘ CHRUPIĄCY KORZEŃ O ORZECHOWYM SMAKU, KTÓRY PO UGOTOWANIU Z BULIONEM Z KURCZAKA I ZMIKSOWANIU TWORZY KREMOWĄ, JEDWABISTĄ ZUPĘ O CZYSTYM SMAKU. ODROBINA ZIOŁOWEJ OLIWY Z OLIWEK WZMACNIA, ALE NIE PRZYTŁACZA JEJ CUDOWNEGO SMAKU.

- 1 łyżka oliwy z oliwek
- 1 por, pokrojony w plasterki (tylko biała i jasnozielona część)
- 4 szklanki bulionu z kości kurczaka (zob przepis) lub rosół z kurczaka bez dodatku soli
- ½ średniego korzenia selera (około 10 uncji), obranego i pokrojonego w 1-calową kostkę
- ½ główki kalafiora, pozbawione gniazd nasiennych i podzielone na różyczki
- ¼ szklanki włoskiej (płaskiej) pietruszki
- ¼ szklanki upakowanych liści bazylii
- ¼ szklanki oliwy z oliwek
- 1 łyżka świeżego soku z cytryny
- ¼ łyżeczki czarnego pieprzu

1. W dużym rondlu podgrzej 1 łyżkę oliwy z oliwek na średnim ogniu. Dodaj por; gotować przez 4 do 5 minut lub do miękkości. Dodaj bulion z kurczaka, korzeń selera i kalafior. Doprowadzić do wrzenia; zredukować ciepło. Przykryj i gotuj na wolnym ogniu przez 20 do 25 minut lub do momentu, aż warzywa będą miękkie. Zdjąć z ognia; lekko schłodzić.

2. W międzyczasie w robocie kuchennym lub blenderze połącz pietruszkę, bazylię i ¼ szklanki oliwy z oliwek, aby przygotować olej ziołowy. Przykryj i przetwarzaj lub mieszaj, aż dobrze się połączą, a zioła będą w bardzo małych kawałkach. Wlej olej przez sitko o drobnych oczkach do małej miski, wyciskając zioła grzbietem łyżki, aby wydobyć jak najwięcej oleju. Odrzuć zioła; odstawić olejek ziołowy.

3. Przenieś połowę mieszanki korzeni selera do robota kuchennego lub blendera. Przykryć i przetwarzać lub miksować do uzyskania gładkości. Wlać do dużej miski. Powtórz z pozostałą mieszanką korzeni selera. Przełóż całą mieszaninę z powrotem do rondla. Wymieszaj sok z cytryny i pieprz; przegrzać.

4. Nalej zupę chochlą do miseczek. Skrop olejem ziołowym.

SAŁATKA Z PIECZONEJ DYNI DELICATA I SZPINAKU

PRZYGOTOWANIE:Pieczenie 15 minut: 12 minut to: 4 porcje

CHOCIAŻ DELICATA SQUASH NALEŻY DO TEGO SAMEGO GATUNKUPODOBNIE JAK DYNIA LETNIA - TAKA JAK CUKINIA I ŻÓŁTA DYNIA - W RZECZYWISTOŚCI JEST DYNIĄ OZIMĄ. JEGO BLADOŻÓŁTA SKÓRKA JEST ZAAKCENTOWANA PIĘKNYMI ZIELONYMI PASKAMI. DELIKATNY ŻÓŁTY MIĄŻSZ SMAKUJE TROCHĘ JAK SKRZYŻOWANIE SŁODKICH ZIEMNIAKÓW I DYNI PIŻMOWEJ. PO UGOTOWANIU CIENKA SKÓRKA JEST PRAWIE NIEWIDOCZNA, WIĘC NIE TRZEBA JEJ OBIERAĆ.

- 3 dynie delicata (łącznie około 2 funtów)
- 2 pęczki cebuli, pokrojone na 1-calowe kawałki
- 2 łyżki oliwy z oliwek
- ⅛ łyżeczki czarnego pieprzu
- 1 łyżka przyprawy cytrynowo-ziołowej (zobprzepis)
- 8 uncji świeżego szpinaku baby
- ⅓ szklanki prażonych pepitas (pestek dyni)
- ½ szklanki winegretu z pieczonym czosnkiem (zobprzepis)

1. Rozgrzej piekarnik do 450°F. Przetnij dynię na pół wzdłuż, usuń nasiona i pokrój na kawałki o grubości ¼ cala. W dużej misce połącz dynię, dymkę, oliwę z oliwek, pieprz i

przyprawę cytrynowo-ziołową; wrzucić do płaszcza. Rozłóż mieszankę dyni na dużej blasze do pieczenia. Piec około 12 minut lub do miękkości i lekkiego zrumienienia, raz mieszając. Chłodzić przez 2 minuty.

2. W bardzo dużej misce wymieszaj mieszankę prażonej dyni, szpinak i pestki dyni. Sałatka skropiona sosem winegret z pieczonym czosnkiem. Delikatnie wymieszaj do pokrycia.

CHRUPIĄCA SAŁATKA BROKUŁOWA

PRZYGOTOWANIE: 15 minut schłodzenia: 1 godzina to: 4 do 6 porcji

PRZYPOMINA TO BARDZO POPULARNĄ SAŁATKĘ BROKUŁOWĄ KTÓRE POJAWIA SIĘ NA LETNICH GRILLACH I POTLUCKACH – I RÓWNIE SZYBKO ZNIKA. TA WERSJA TO CZYSTE PALEO. SĄ TAM WSZYSTKIE ELEMENTY – CHRUPIĄCE, KREMOWE I SŁODKIE – ALE W SOSIE NIE MA PRZETWORZONEGO CUKRU, A ZADYMIENIE POCHODZI Z BEZSOLNEJ WĘDZONEJ PRZYPRAWY ZAMIAST BEKONU, KTÓRY JEST NAŁADOWANY SODEM.

¾ szklanki Paleo Mayo (patrz przepis)

1½ łyżeczki przyprawy do dymu (zob przepis)

3 łyżeczki drobno startej skórki pomarańczowej

5 łyżeczek świeżego soku pomarańczowego

5 łyżeczek białego octu winnego

1 pęczek brokułów, pokrojonych na małe różyczki (około 5 filiżanek)

⅓ szklanki niesiarczonych rodzynek

¼ szklanki posiekanej czerwonej cebuli

¼ szklanki niesolonych prażonych nasion słonecznika lub pokrojonych migdałów

1. Do dressingu, w małej misce wymieszaj Paleo Mayo, Smoky Seasoning, skórkę pomarańczową, sok pomarańczowy i ocet; odłożyć na bok.

2. W dużej misce wymieszaj brokuły, rodzynki, cebulę i nasiona słonecznika. Wlać dressing na mieszankę brokułów; dobrze wymieszać do połączenia. Przykryj i wstaw do lodówki na co najmniej 1 godzinę przed podaniem.

GRILLOWANA SAŁATKA OWOCOWA Z SCALLION VINAIGRETTE

PRZYGOTOWANIE: 15 minut grill: 6 minut chłodne: 30 minut to: 6 porcji ZDJĘCIE

W TWORZENIU CIEKAWEGO SMAKU LICZĄ SIĘ MAŁE RZECZY TO LICZYĆ. SOS WINEGRET DO TEJ SAŁATKI Z OWOCÓW PESTKOWYCH SKŁADA SIĘ Z OLIWY Z OLIWEK, PIEPRZU CAYENNE, CEBULI I SOKU Z GRILLOWANEJ MANDARYNKI PRZED WYCIŚNIĘCIEM — CO NADAJE MU NUTĘ DYMU I INTENSYFIKUJE SMAK MANDARYNKI.

- 2 brzoskwinie przekrojone wzdłuż na pół i bez pestek
- 2 śliwki przekrojone wzdłuż na pół i bez pestek
- 3 morele przekrojone wzdłuż na pół i bez pestek
- 1 mandarynka lub pomarańcza, przekrojona w poprzek na pół
- ½ łyżeczki czarnego pieprzu
- ½ łyżeczki papryki
- 3 do 4 łyżek oliwy z oliwek
- 2 szalotki, cienko pokrojone
- ¼ do ½ łyżeczki pieprzu cayenne lub papryki

1. Na dużej blasze do pieczenia ułóż brzoskwinie, śliwki, morele i mandarynki przecięciem do góry. Posypać czarnym pieprzem i ½ łyżeczki ostrej papryki. Skrop 1 do 2 łyżek oliwy z oliwek, równomiernie pokrywając owoce.

2. W przypadku grilla węglowego lub gazowego umieść owoce przekrojoną stroną do dołu na ruszcie do grillowania bezpośrednio na średnim ogniu. Przykryć i grillować przez 6 minut lub do zwęglenia i lekkiego zmiękczenia, obracając raz w połowie grillowania. Niech owoce ostygną, aż będą łatwe w obsłudze. Grubo posiekaj brzoskwinie, śliwki i morele; odłożyć na bok.

3. Na dressing wyciśnij sok z połówek mandarynek do małej miski (pozbądź się pestek). Dodaj dymkę, pozostałe 2 łyżki oliwy z oliwek i pieprz cayenne do soku z mandarynek; ubić do połączenia. Tuż przed podaniem polać grillowane owoce dressingiem.

CHRUPIĄCY KALAFIOR CURRY

ZACZĄĆ KOŃCZYĆ: 30 minut to: 8 do 10 porcji

Z SUROWEGO KALAFIORA, TO ŚWIETNE DANIE, KTÓRE MOŻNA ZABRAĆ ZE SOBĄ NA POTLUCK. JEST NIEDROGI, ZAPEWNIA DUŻĄ LICZBĘ PORCJI, A LUDZIE SIĘ NIM ZACHWYCAJĄ (WIEMY TO Z NASZYCH WŁASNYCH TESTÓW RECEPTUR). CO WIĘCEJ, MOŻNA TO ZROBIĆ DZIEŃ WCZEŚNIEJ. PO PROSTU WSTRZYMAJ SIĘ Z MIESZANIEM KOLENDRY, PEPITAS I RODZYNEK AŻ DO MOMENTU PODANIA.

1 główka kalafiora (około 2 funtów)*

⅓ szklanki oliwy z oliwek

⅓ szklanki świeżego soku z cytryny (z 2 cytryn)

⅓ szklanki posiekanej szalotki

1 łyżka żółtego curry w proszku

1 łyżeczka nasion kminku, prażonych (zob wskazówka)

½ szklanki posiekanej świeżej kolendry

½ szklanki pepitas (pestek dyni) lub prażonych migdałów (zob wskazówka)

½ szklanki niesiarczonych złotych rodzynek

1. Usuń zewnętrzne liście z kalafiora i odetnij łodygę. Ułożyć łodygą do dołu na desce do krojenia. Pokrój bardzo cienko, krojąc od góry do dołu. (Niektóre kawałki będą się kruszyć.) Umieść kalafior w dużej misce; połamać duże kawałki. (Powinieneś mieć około 6 filiżanek kalafiora.)

2. W małej misce wymieszaj oliwę z oliwek, sok z cytryny, szalotki, curry i kminek. Wlać mieszankę na kalafior; wrzucić do płaszcza. Odstawić na 10 do 15 minut, od czasu do czasu mieszając.

3. Tuż przed podaniem wymieszaj z kolendrą, pepitą i rodzynkami.

*Uwaga: można tu użyć kalafiora Romanesco, chociaż nie jest on tak powszechnie dostępny jak konwencjonalny kalafior.

Przygotowanie do przygotowania: Przygotuj sałatkę zgodnie z krokiem 2. Przykryj i schładzaj do 24 godzin, od czasu do czasu mieszając. Tuż przed podaniem wymieszaj z kolendrą, pepitas i rodzynkami.

NEOKLASYCZNA SAŁATKA WALDORFSKA

PRZYGOTOWANIE: 20 minut chłodne: 1 godzina to: 4 do 6 porcji

KLASYCZNA SAŁATKA WALDORF POWSTAŁA W HOTELU WALDORF ASTORIA W NOWYM JORKU. W NAJCZYSTSZEJ POSTACI TO POŁĄCZENIE JABŁKA, SELERA I MAJONEZU. ORZECHY WŁOSKIE - A CZASEM RODZYNKI - DODAWANO PÓŹNIEJ. TA ODŚWIEŻONA WERSJA JEST ZROBIONA Z GRUSZEK I AZJATYCKICH GRUSZEK – KTÓRE MAJĄ KONSYSTENCJĘ PODOBNĄ DO JABŁEK – I OZDOBIONA SUSZONYMI WIŚNIAMI, ZIOŁAMI I PRAŻONYMI ORZECHAMI PEKAN.

- 2 dojrzałe, jędrne gruszki (takie jak Bosc lub Anjou), pozbawione gniazd nasiennych i pokrojone w kostkę
- 2 gruszki azjatyckie bez gniazd nasiennych i pokrojone w kostkę
- 2 łyżki soku z limonki
- 2 łodygi selera pokrojone w plasterki
- ¾ szklanki suszonych niesłodzonych wiśni lub żurawin
- 1 łyżka posiekanego świeżego estragonu
- 1 łyżka posiekanej świeżej włoskiej (płaskiej) pietruszki
- ¼ szklanki kremu z orzechów nerkowca (zob przepis)
- 2 łyżki Paleo Mayo (ok przepis)
- ½ szklanki posiekanych prażonych orzechów pekan (zob wskazówka)

1. W dużej misce wymieszaj gruszki i gruszki azjatyckie z sokiem z limonki, selerem, wiśniami i ziołami, aby połączyć.

2. W małej misce wymieszaj krem z orzechów nerkowca i Paleo Mayo; wlać mieszankę gruszek i delikatnie wymieszać, aby pokryć. Przechowywać w lodówce przez 1 godzinę, aby smaki się połączyły. Przed podaniem posyp sałatkę orzechami pekan.

GRILLOWANE RZYMSKIE SERCA Z BAZYLIOWYM DRESSINGIEM GREEN GODDESS

PRZYGOTOWANIE: 15 minut grill: 6 minut to: 6 porcji ZDJĘCIE

TO JEST SAŁATKA ZE STEKIEM Z NOŻEM I WIDELCEM. SERCA RZYMSKIE SĄ WYSTARCZAJĄCO MOCNE, ABY WYTRZYMAĆ GRILLOWANIE, A POŁĄCZENIE CHRUPIĄCEJ, LEKKO ZWĘGLONEJ SAŁATY I KREMOWEGO DRESSINGU ZIOŁOWEGO JEST PO PROSTU WYJĄTKOWE. TO DOSKONAŁY DODATEK DO GRILLOWANEGO STEKU.

½ szklanki Paleo Mayo (patrz przepis)

½ szklanki posiekanej świeżej bazylii

¼ szklanki posiekanej świeżej pietruszki

2 łyżki posiekanego świeżego szczypiorku

3 łyżki oliwy z oliwek

2 łyżki świeżego soku z cytryny

1 łyżka białego octu winnego

3 serca sałaty rzymskiej, przekrojone wzdłuż na pół

1 szklanka pomidorków koktajlowych lub winogronowych, przekrojonych na pół

Pęknięty czarny pieprz

Posiekana świeża bazylia (opcjonalnie)

1. Do sosu w robocie kuchennym lub blenderze połącz Paleo Mayo, ½ szklanki bazylii, pietruszkę, szczypiorek, 2 łyżki oliwy z oliwek, sok z cytryny i ocet. Przykryj i przetwarzaj lub mieszaj, aż będzie gładka i jasnozielona. Przykryć i schłodzić, aż będzie to potrzebne.

2. Skrop pozostałą 1 łyżką oliwy z oliwek przekrojone na pół serca romaine. Dłońmi równomiernie rozprowadź olej ze wszystkich stron.

3. W przypadku grilla węglowego lub gazowego połóż romaine przekrojoną stroną do dołu na ruszcie do grillowania bezpośrednio na średnim ogniu. Przykryj i grilluj przez około 6 minut lub do momentu, aż romaine będzie lekko zwęglona, obracając raz w połowie grillowania.

4. Do podania polać łyżką grillowaną sałatę rzymską. Na wierzchu połóż pomidorki koktajlowe, popękaną paprykę i, jeśli chcesz, dodatkowo posiekaną bazylię.

SAŁATKA Z RUKOLI I ZIÓŁ Z JAJKIEM W KOSZULCE

ZACZĄĆ KOŃCZYĆ: 20 minut to: 4 porcje ZDJĘCIE

OCET DODANY DO WODY DO GOTOWANIA DO JAJEK POMAGA BRZEGOM BIAŁEK SZYBKO SKRZEPNĄĆ, DZIĘKI CZEMU LEPIEJ ZACHOWUJĄ SWÓJ KSZTAŁT PODCZAS GOTOWANIA.

6 filiżanek rukoli

2 łyżki posiekanego świeżego estragonu

2 łyżeczki posiekanego świeżego tymianku

3 do 4 łyżek klasycznego francuskiego winegretu (zob przepis)

1 szklanka pokrojonych na ćwiartki pomidorków koktajlowych lub winogronowych

3 duże rzodkiewki

4 szklanki wody

1 łyżka octu jabłkowego

4 jajka

Pęknięty czarny pieprz

1. Na sałatkę w dużej salaterce połącz rukolę, estragon i tymianek. Skrop 2 do 3 łyżkami klasycznego francuskiego winegretu; wrzucić do płaszcza. Podziel sałatkę na cztery talerze do serwowania. Top z pomidorami; sałatki odstawić.

2. Usuń i wyrzuć wierzchołki i korzenie rzodkiewki; zetrzyj rzodkiewki. Odłóż rzodkiewki na bok.

3. Na dużej patelni połącz wodę z octem. Doprowadzić do wrzenia. Zmniejsz ogień do wrzenia (małe bąbelki pękną na powierzchni). Rozbij jajko do kubka z kremem i delikatnie wsuń je do mieszaniny wody. Powtórz z pozostałymi jajkami, zachowując odstępy, aby się nie stykały. Gotuj bez przykrycia przez około 3 minuty lub do momentu, aż białka się zetną, a żółtka zaczną gęstnieć. Wyjąć każde jajko łyżką cedzakową i ułożyć na wierzchu sałatki. Sałatki skropić pozostałą 1 łyżką winegretu. Udekorować startą rzodkiewką i posypać pieprzem. Natychmiast podawaj.

PAMIĄTKOWA SAŁATKA Z POMIDORÓW I ARBUZA Z POSYPKĄ Z RÓŻOWEGO PIEPRZU

ZACZĄĆ KOŃCZYĆ:30 minut to: 6 porcjiZDJĘCIE

TO JEST LATO W MISCE— SOCZYSTE, DOJRZAŁE POMIDORY I ARBUZ. UŻYWANIE MIESZANKI POMIDORÓW RODOWYCH – COKOLWIEK UPRAWIASZ W SWOIM OGRODZIE, WKŁADASZ DO PUDEŁKA CSA LUB KUPUJESZ NA TARGU ROLNICZYM – ZAPEWNI PIĘKNĄ PREZENTACJĘ.

1 miniaturowy arbuz bez pestek (4 do 4½ funta)

4 duże pomidory rodowe

¼ czerwonej cebuli, pokrojonej w cienkie jak papier paski

¼ szklanki luźno upakowanych świeżych liści mięty

¼ szklanki szyfonu bazyliowego*

¼ szklanki oliwy z oliwek

2 łyżki świeżego soku z cytryny

1½ łyżeczki różowego pieprzu

1. Usuń skórkę z arbuza; pokroić melona na 1-calowe kawałki. Pomidory łodygowe i rdzeniowe; pokroić w kliny. Na dużym półmisku lub w dużej misce połącz kawałki arbuza i ćwiartki pomidora; wrzucić do połączenia. Posyp szyfonową cebulą, miętą i bazylią.

2. Do dressingu w małym słoiczku z dobrze dopasowaną pokrywką połącz oliwę z oliwek, sok z cytryny i ziarna pieprzu. Przykryć i energicznie wstrząsnąć do połączenia. Skrop sałatkę pomidorowo-arbuzową. Podawać w temperaturze pokojowej.

*Uwaga: W przypadku szyfonu ułóż liście bazylii jeden na drugim i ciasno zwiń. Cienko pokrój bułkę, a następnie podziel bazylię na cienkie wstążki.

SAŁATKA BRUKSELKA I JABŁKO

PRZYGOTOWANIE:10 minut odstania: 10 minut to: 6 porcjiZDJĘCIE

GRANATY SĄ W SEZONIE JESIENIĄ I ZIMĄ.MOŻESZ KUPIĆ CAŁE OWOCE I WYDOBYĆ NASIONA. LUB POSZUKAJ SAMYCH NASION — ZWANYCH TAKŻE OSNÓWKAMI — W MAŁYCH POJEMNIKACH W DZIALE PRODUKTÓW. JEŚLI NIE MA SEZONU NA GRANATY, POSZUKAJ NIESŁODZONYCH LIOFILIZOWANYCH NASION, ABY DODAĆ CHRUPKOŚCI I KOLORU TEJ SAŁATCE.

12 uncji brukselki, usunięte przycięte i przebarwione liście

1 jabłko Fuji lub Pink Lady, bez gniazd nasiennych i pokrojone w ćwiartki

½ szklanki Bright Citrus Vinaigrette (patrzprzepis)

⅓ szklanki pestek granatu

⅓ szklanki suszonej żurawiny, porzeczki lub wiśni bez dodatku cukru

⅓ szklanki posiekanych orzechów włoskich, prażonych (patrzwskazówka)

1. Pokrój brukselkę i jabłko w robocie kuchennym wyposażonym w ostrze do krojenia.

2. Przenieś brukselkę i jabłko do dużej miski. Skropić Bright Citrus Vinaigrette; wrzucić do wymieszania. Odstawić na 10 minut, od czasu do czasu mieszając. Wmieszaj pestki granatu i żurawinę. Wierzch z orzechami włoskimi; natychmiast podawaj.

SAŁATKA Z OGOLONEJ BRUKSELKI

ZACZĄĆ KOŃCZYĆ:15 minut to: 6 porcji

CYTRYNY MEYERA TO KRZYŻÓWKAMIĘDZY CYTRYNĄ A POMARAŃCZĄ. SĄ MNIEJSZE NIŻ ZWYKŁE CYTRYNY, A ICH SOK JEST SŁODSZY I MNIEJ KWAŚNY. W OSTATNICH LATACH STAŁY SIĘ ZNACZNIE ŁATWIEJSZE DO ZNALEZIENIA, ALE JEŚLI NIE MOŻESZ ICH ZNALEŹĆ, ZWYKŁE CYTRYNY DZIAŁAJĄ DOBRZE.

1 funt brukselki, usunięte przycięte i przebarwione liście

1 szklanka grubo posiekanych orzechów włoskich, uprażonych (zob wskazówka)

⅓ szklanki świeżego soku z cytryny Meyera lub zwykłego soku z cytryny

⅓ szklanki oleju z orzechów włoskich lub oliwy z oliwek

1 ząbek czosnku, posiekany

¼ łyżeczki świeżo zmielonego czarnego pieprzu

1. Bardzo cienko pokrój brukselkę w robocie kuchennym wyposażonym w ostrze tnące. Przenieś kiełki do dużej miski; dodać uprażone orzechy włoskie.

2. Do sosu w małej misce wymieszaj sok z cytryny, olej, czosnek i pieprz. Polać sałatkę i wymieszać do połączenia.

SAŁATKA MEKSYKAŃSKA

PRZYGOTOWANIE:20 minut odstania: od 2 do 4 godzin daje: 4 porcje

ISTNIEJE KILKA PRODUKTÓW WYGODNYCHKTÓRE MOŻNA ZINTEGROWAĆ Z DIETĄ PALEO® — A PAKOWANA SURÓWKA Z BROKUŁÓW JEST JEDNĄ Z NICH. NAJPOPULARNIEJSZYM RODZAJEM JEST MIESZANKA ROZDROBNIONYCH BROKUŁÓW, MARCHWI I CZERWONEJ KAPUSTY. JEŚLI SĄ TO JEDYNE SKŁADNIKI NA ETYKIECIE, MOŻESZ GO UŻYĆ. MOŻE TO ZAOSZCZĘDZIĆ CZAS — A WSZYSCY MOŻEMY GO WIĘCEJ WYKORZYSTAĆ.

- 1 mała czerwona cebula, przekrojona na pół i cienko pokrojona
- ¼ szklanki octu jabłkowego
- 1½ szklanki rozdrobnionych brokułów (pakowana sałatka brokułowa)
- ½ szklanki bardzo cienkich pasków obranej jicamy
- ½ szklanki pomidorów koktajlowych lub winogronowych, przekrojonych na pół
- 2 łyżki posiekanej świeżej kolendry
- 2 łyżki oleju z awokado
- 1 łyżeczka przyprawy meksykańskiej (zob przepis)
- 1 średnie awokado, przekrojone na pół, pozbawione nasion, obrane i posiekane

1. W małej misce wymieszaj czerwoną cebulę i ocet. Wrzucić do płaszcza. Tylną częścią widelca dociśnij plastry cebuli. Przykryć i odstawić w temperaturze pokojowej na 2 do 4 godzin, od czasu do czasu mieszając.

2. W dużej misce połącz brokuły, jicama i pomidory. Za pomocą łyżki cedzakowej przenieś cebulę do miski z mieszanką brokułów, zachowując ocet. Mieszaj do połączenia.

3. Do dressingu umieść w misce 3 łyżki zarezerwowanego octu (pozostały ocet wyrzuć). Wymieszaj z kolendrą, olejem z awokado i przyprawą meksykańską. Skrop mieszanką brokułów, podrzucając do płaszcza.

4. Delikatnie wymieszaj z awokado; natychmiast podawaj.

SURÓWKA Z KOPRU WŁOSKIEGO

ZACZĄĆ KOŃCZYĆ:20 minut to: 4 do 6 porcji

ESTRAGON I KOPER MAJĄ ANYŻLUB O SMAKU LUKRECJI. JEŚLI WOLISZ MIEĆ GO TROCHĘ MNIEJ, ZASTĄP ESTRAGON POSIEKANĄ ŚWIEŻĄ PIETRUSZKĄ.

- 2 małe bulwy kopru włoskiego, z przyciętymi końcami i bardzo cienko pokrojonymi w poprzek*
- 2 łodygi selera naciowego, bardzo cienko pokrojone po przekątnej
- 1 średnie jabłko o czerwonej skórce, takie jak Gala lub Honeycrisp, pokrojone w julienne
- ¼ szklanki oliwy z oliwek
- 3 łyżki octu szampańskiego lub octu z białego wina
- ¼ łyżeczki czarnego pieprzu
- 2 do 3 łyżek posiekanego świeżego estragonu

1. Aby przygotować surówkę, w dużej misce połącz koper włoski, seler i jabłko; odłożyć na bok.

2. Do dressingu w małej misce połącz oliwę z oliwek, ocet i czarny pieprz. Zalać surówką; wrzucić do połączenia. Posypać estragonem i ponownie wymieszać.

*Wskazówka: Aby bardzo cienko pokroić koper włoski, użyj mandoliny. Obieraczka lub krajalnica do julienne jest pomocna przy krojeniu jabłka w paski julienne.

KREMOWA SURÓWKA Z MARCHWI I KALAREPY

PRZYGOTOWANIE: 20 minut schłodzenia: 4 do 6 godzin to: 4 porcje

KALAREPA WYDAJE SIĘ BYĆ W TEJ SAMEJ SYTUACJI BRUKSELKA KILKA LAT TEMU PRZEŻYWAŁA SWÓJ RENESANS ZA SPRAWĄ INNOWACYJNYCH KUCHARZY I OSÓB DBAJĄCYCH O ZDROWIE NA CAŁYM ŚWIECIE. TEN BULWIASTY KREWNIAK KAPUSTY JEST KRUCHY I SOCZYSTY I MOŻNA GO JEŚĆ NA SUROWO LUB PO UGOTOWANIU. TUTAJ JEST ROZDROBNIONY I WRZUCONY DO CHRUPIĄCEJ SAŁATKI, ALE JEST RÓWNIEŻ WSPANIAŁY GOTOWANY Z KORZENIEM SELERA LUB MARCHEWKI I PUREE - LUB NAWET POKROJONY W GRUBE PALUSZKI, JAK DOMOWE FRYTKI, SMAŻONY NA OLIWIE Z OLIWEK I DOPRAWIONY WYBRANĄ MIESZANKĄ (ZOB. "MIESZANKI PRZYPRAWOWE").

- ½ szklanki Paleo Mayo (patrz przepis)
- 2 łyżki octu jabłkowego
- ½ łyżeczki nasion selera
- ½ łyżeczki papryki
- ½ łyżeczki czarnego pieprzu
- 2 funty małych i średnich kalarepy, obranych i grubo posiekanych
- 3 średnie marchewki, grubo posiekane
- 1 czerwona słodka papryka, przekrojona na pół, pozbawiona nasion i bardzo cienko pokrojona

Posiekana świeża pietruszka (opcjonalnie)

1. W dużej misce wymieszaj Paleo Mayo, ocet, nasiona selera, paprykę i pieprz. Delikatnie wymieszaj kalarepę, marchewkę i słodką paprykę.

2. Przykryć i schłodzić przez 4 do 6 godzin. Dobrze wymieszaj przed podaniem. W razie potrzeby posypać natką pietruszki.

SURÓWKA Z MARCHEWKI PIKANTNEJ

ZACZĄĆ KOŃCZYĆ:20 minut to: 4 porcjeZDJĘCIE

TA SAŁATKA Z MARCHWI INSPIROWANA JEST AFRYKĄ PÓŁNOCNĄNIE MOŻE BYĆ PROSTSZE DO WYKONANIA, ALE SMAKI I KONSYSTENCJE SĄ ZŁOŻONE I WSPANIAŁE. SPRÓBUJ Z PIECZONYM KURCZAKIEM Z SZAFRANEM I CYTRYNĄ (ZOBPRZEPIS) LUB FRANCUSKIE KOTLETY JAGNIĘCE Z CHUTNEYEM Z GRANATÓW I DAKTYLAMI (ZOBPRZEPIS).

¼ szklanki posiekanej świeżej pietruszki

½ łyżeczki drobno startej skórki z cytryny

¼ szklanki świeżego soku z cytryny

2 łyżki oliwy z oliwek

¼ łyżeczki mielonego kminku

¼ łyżeczki mielonego cynamonu

¼ łyżeczki wędzonej papryki

¼ łyżeczki mielonej czerwonej papryki

2 szklanki grubo startej marchwi

½ szklanki posiekanych, bez pestek niesłodzonych daktyli

¼ szklanki pokrojonej szalotki

¼ szklanki posiekanych surowych niesolonych pistacji

1. W dużej misce wymieszaj pietruszkę, skórkę cytryny, sok z cytryny, oliwę z oliwek, kminek, cynamon, paprykę i mieloną czerwoną paprykę. Dodaj marchewki, daktyle i szalotki; polać dressingiem.

2. Tuż przed podaniem posyp sałatkę pistacjami.

PESTO Z RUKOLI

OD POCZĄTKU DO KOŃCA: 15 MINUT DAJE: ¾ SZKLANKI

2 szklanki ciasno upakowanych liści rukoli

⅓ szklanki orzechów włoskich, prażonych*

1 łyżka drobno startej skórki cytrynowej (z 2 cytryn)

1 ząbek czosnku

½ szklanki oleju z orzechów włoskich

¼ do ½ łyżeczki czarnego pieprzu

1. W robocie kuchennym połącz rukolę, orzechy włoskie, skórkę z cytryny i czosnek. Pulsować, aż zostanie grubo posiekane. Przy włączonym robocie cienkim strumieniem wlej olej z orzechów włoskich do miski. Doprawić pieprzem.

2. Zużyć od razu lub podzielić na porcje i zamrozić do 3 miesięcy w szczelnie zamkniętych pojemnikach.

*Wskazówka: Aby uprażyć orzechy, rozłóż je w jednej warstwie na blasze do pieczenia z obrzeżami. Piec w piekarniku o temperaturze 375 ° F przez 5 do 10 minut lub do lekkiego opiekania, mieszając orzechy lub potrząsając patelnią raz lub dwa razy. Całkowicie ostudzić przed użyciem.

PESTO Z BAZYLII

OD POCZĄTKU DO KOŃCA: 15 MINUT DAJE: 1½ FILIŻANKI

2 szklanki zapakowanych świeżych liści bazylii

1 szklanka zapakowanej świeżej pietruszki o płaskich liściach

3 ząbki czosnku

½ szklanki orzeszków piniowych, prażonych (zob <u>wskazówka</u>, powyżej)

1 szklanka oliwy z oliwek

¼ łyżeczki świeżo zmielonego czarnego pieprzu

1. W robocie kuchennym połącz bazylię, pietruszkę, czosnek i orzeszki piniowe. Pulsować, aż zostanie grubo posiekane. Przy włączonym robocie cienkim strumieniem wlej oliwę z oliwek do miski. Doprawić pieprzem.

2. Zużyć od razu lub zamrozić w wybranych porcjach do 3 miesięcy w szczelnie zamkniętych pojemnikach.

PESTO Z KOLENDRĄ

OD POCZĄTKU DO KOŃCA: 15 MINUT DAJE: ¾ SZKLANKI

2 szklanki lekko upakowanych świeżych liści kolendry

⅓ szklanki połówek orzechów pekan, uprażonych (zob wskazówka, powyżej)

1 łyżka drobno startej skórki pomarańczowej (z 1 dużej pomarańczy)

1 ząbek czosnku

½ szklanki oleju z awokado

⅛ łyżeczki pieprzu cayenne

1. W robocie kuchennym połącz kolendrę, orzechy pekan, skórkę pomarańczową i czosnek. Pulsować, aż zostanie grubo posiekane. Przy włączonym robocie cienkim strumieniem wlej olej z awokado do miski. Doprawiamy pieprzem cayenne.

2. Zużyć od razu lub zamrozić w wybranych porcjach do 3 miesięcy w szczelnie zamkniętych pojemnikach.

SOSY SAŁATKOWE

JEDNYM Z NAJPROSTSZYCH SPOSOBÓW JEDZENIA PALEO JEST GRILLOWANIE LUB PIECZENIE KAWAŁKA MIĘSA I PODAWANIE GO Z DUŻĄ SAŁATKĄ. KOMERCYJNIE BUTELKOWANE SOSY SĄ PEŁNE SOLI, CUKRU I DODATKÓW. PONIŻSZE DRESSINGI TO KWESTIA ŚWIEŻOŚCI I SMAKU. PRZECHOWUJ RESZTKI W LODÓWCE DO 3 DNI LUB UŻYJ WINEGRETU JAKO MARYNATY.

[Jasny winegret cytrusowy](#)|[Klasyczny francuski winegret](#)|[Dressing do Sałatek Mango-Limonka](#)|[Sos winegret z pieczonym czosnkiem](#)|[Dressing z Prażonych Orzechów Sosnowych](#)

JASNY WINEGRET CYTRUSOWY

ZACZĄĆ KOŃCZYĆ: 20 minut to: około 2 filiżanek

¼ szklanki posiekanej szalotki

2 łyżeczki drobno startej skórki pomarańczowej

2 łyżeczki drobno startej skórki z cytryny

2 łyżeczki drobno startej skórki z limonki

½ szklanki świeżego soku pomarańczowego

¼ szklanki świeżego soku z cytryny

¼ szklanki świeżego soku z limonki

2 łyżki musztardy Dijon (zob przepis) lub 1 łyżeczka suchej musztardy

⅔ szklanki oliwy z oliwek

¼ szklanki drobno posiekanej świeżej pietruszki, szczypiorku, estragonu lub bazylii

½ do 1 łyżeczki czarnego pieprzu

1. W średniej misce wymieszaj szalotki, skórki cytrusowe, soki cytrusowe i musztardę Dijon; odstaw na 3 minuty. Powoli wlewaj oliwę z oliwek, aż powstanie emulsja. Wymieszać z ziołami i pieprzem.

KLASYCZNY FRANCUSKI WINEGRET

PRZYGOTOWANIE: 5 minut stać: 15 minut daje: około 1¼ filiżanki

6 łyżek świeżego soku z cytryny

3 szalotki, obrane i posiekane

1½ łyżki musztardy Dijon (zob przepis)

1 szklanka oliwy z oliwek

1 łyżka drobno posiekanego szczypiorku (opcjonalnie)

1 łyżka drobno posiekanej włoskiej pietruszki (płaskiej) (opcjonalnie)

2 łyżeczki drobno posiekanego świeżego estragonu (opcjonalnie)

1. W średniej misce wymieszaj sok z cytryny i szalotki. Odstaw na 15 minut.

2. Ubij musztardę w stylu Dijon. Powoli wlewaj oliwę z oliwek bardzo cienkim strumieniem, aż mieszanina zgęstnieje i zemulguje. Sos winegret. Jeśli jest zbyt ostry, dodaj dodatkową musztardę Dijon lub oliwę z oliwek według uznania.

3. Jeśli chcesz, przed podaniem dodaj zioła. Przyprawiając zieloną sałatę sosem winegret, dodaj do miski świeżo zmielony czarny pieprz i wymieszaj. Przechowuj winegret w szczelnie zamkniętym pojemniku w lodówce do 1 tygodnia.

DRESSING DO SAŁATEK MANGO-LIMONKA

ZACZĄĆ KOŃCZYĆ: 10 minut to: około 1 filiżanki

1 małe dojrzałe mango, obrane, bez pestek i grubo posiekane

3 łyżki oleju z orzechów włoskich lub kokosowego

1 łyżeczka drobno startej skórki z limonki

2 łyżki świeżego soku z limonki

2 łyżeczki startego świeżego imbiru

Odrobina pieprzu cayenne

1 łyżka wody (opcjonalnie)

1. W robocie kuchennym lub blenderze połącz mango, olej z orzechów włoskich, skórkę z limonki, sok z limonki, imbir i pieprz cayenne. Przykryć i przetwarzać lub miksować do uzyskania gładkości. W razie potrzeby rozcieńcz sos wodą do pożądanej konsystencji. Przykryć i przechowywać do 1 tygodnia w lodówce. Jeśli używasz oleju kokosowego, przed użyciem ogrzej dressing do temperatury pokojowej.

SOS WINEGRET Z PIECZONYM CZOSNKIEM

PRZYGOTOWANIE:5 minut pieczenia: 30 minut odstania: 2 godziny 5 minut daje: około 1¼ filiżanki

1 średni czosnek

¾ szklanki oliwy z oliwek

¼ szklanki świeżego soku z cytryny

1 łyżeczka suszonego greckiego oregano, pokruszonego

1. Rozgrzej piekarnik do 400°F. Odetnij ¼ cala od wąskiego końca główki czosnku; skropić 1 łyżeczką oliwy z oliwek. Zawiń czosnek w folię. Piecz przez 30 do 35 minut lub do momentu, gdy czosnek będzie złocistobrązowy i bardzo miękki. Fajny; odwrócić do góry dnem i wycisnąć ząbki czosnku z główki do małej miski. Zmiksuj na gładką pastę.

2. W średniej misce wymieszaj sok z cytryny i oregano. Odstaw na 5 minut. Ubij pozostałą oliwę z oliwek. Wymieszaj z pieczonym czosnkiem. Pozostaw winegret w temperaturze pokojowej na 2 godziny przed użyciem lub włożeniem do lodówki. Przechowywać w lodówce do 1 tygodnia.

DRESSING Z PRAŻONYCH ORZECHÓW SOSNOWYCH

PRZYGOTOWANIE: 10 minut to: około 1 filiżanki

⅔ szklanki orzeszków piniowych (4 uncje), prażonych (patrz wskazówka)

1 łyżeczka oliwy z oliwek

½ szklanki wody

¼ szklanki świeżego soku z cytryny

1 ząbek czosnku, posiekany

¼ łyżeczki wędzonej papryki

⅛ łyżeczki pieprzu cayenne

1. W blenderze lub robocie kuchennym połącz orzeszki piniowe z oliwą z oliwek. Przykryć i zmiksować lub zmiksować na gładką masę. Dodaj wodę, sok z cytryny, czosnek, paprykę i pieprz cayenne. Przykryć i zmiksować lub zmiksować na gładką masę.

PRZYPRAWY

KETCHUP, MUSZTARDA I MAJONEZ SĄ NIE TYLKO CENIONE JAKO PASTY DO SMAROWANIA I DIPY, ALE SĄ RÓWNIEŻ KLUCZOWYMI SKŁADNIKAMI RECEPTUR JAKO ŚRODKI SMAKOWE I WIĄŻĄCE – ALE SÓL, CUKIER I KONSERWANTY W PRZYPRAWACH PRODUKOWANYCH KOMERCYJNIE NIE MAJĄ MIEJSCA W REALU DIETA PALEO®. KOLEJNE WERSJE SĄ IDEALNIE PALEO I PEŁNE SMAKU. ŻADNE LATO NIE BYŁOBY KOMPLETNE BEZ GRILLA NA PODWÓRKU I WĘDZONEGO GRILLOWANEGO MIĘSA, DLATEGO DOŁĄCZYLIŚMY RÓWNIEŻ SOS BBQ BEZ SOLI I CUKRU. HARISSA TO OGNISTY SOS Z TUNEZJI. CHIMICHURRI TO AROMATYCZNY SOS ZIOŁOWY Z ARGENTYNY.

[Musztarda w stylu Dijon](.)|[Harissa](.)|[Ketchup paleo](.)|[sos grilowy](.)|[Sos Chimichurri](.)|[Paleo Mayo](.)

MUSZTARDA W STYLU DIJON

PRZYGOTOWANIE: 10 minut stoi: 48 godzin daje: 1¾ filiżanki

¾ szklanki brązowych nasion gorczycy

¾ szklanki niesłodzonego soku jabłkowego lub cydru

¼ szklanki białego octu winnego

¼ szklanki wytrawnego białego wina lub wody

½ łyżeczki kurkumy

1 do 2 łyżek wody

1. W szklanej misce wymieszaj gorczycę, sok jabłkowy, ocet, wino i kurkumę. Zamknij szczelnie i pozostaw w temperaturze pokojowej na 48 godzin.

2. Przenieś mieszaninę do blendera o dużej mocy.* Przykryj i miksuj do uzyskania gładkości, dodając tyle wody, aby uzyskać pożądaną konsystencję. Jeśli utworzą się pęcherzyki powietrza, zatrzymaj i zamieszaj mieszaninę. Aby uzyskać gładszą konsystencję, przeciśnij gotową musztardę przez sito o drobnych oczkach.

3. Zużyć od razu lub przechowywać w lodówce w szczelnie zamkniętym pojemniku do 1 miesiąca. (Smak złagodnieje podczas przechowywania.)

*Uwaga: Możesz użyć zwykłego blendera i zmiksować na wysokich obrotach; tekstura musztardy nie będzie tak gładka.

HARISSA

PRZYGOTOWANIE: 20 minut odstania: 20 minut to: około 2 filiżanek

8 papryczek guajillo, pozbawionych łodyg i nasion (zob <u>wskazówka</u>)

8 papryczek ancho, pozbawionych łodyg i nasion (zob <u>wskazówka</u>)

½ łyżeczki kminku

¼ łyżeczki nasion kolendry

¼ łyżeczki nasion kminku

1 łyżeczka suszonej mięty

¼ szklanki świeżego soku z cytryny

3 łyżki oliwy z oliwek

5 ząbków czosnku

1. Umieść guajillo i ancho chiles w dużej misce. Dodaj tyle wrzącej wody, aby przykryła papryki. Odstaw na 20 minut lub do miękkości.

2. W międzyczasie na małej patelni wymieszaj kminek, nasiona kolendry i kminek. Podsmażaj przyprawy na średnim ogniu przez 4 do 5 minut lub do uzyskania bardzo aromatycznego aromatu, często potrząsając patelnią. Ostudzić. Przenieś prażone nasiona do młynka do przypraw; dodaj miętę. Zmiel na proszek. Odłożyć na bok.

3. Odcedź chili; przełożyć chili do robota kuchennego. Dodaj mielone przyprawy, sok z cytryny, oliwę z oliwek i

czosnek. Przykryj i przetwarzaj, aż będzie gładkie. Przenieść do szczelnie zamkniętego szklanego lub niereaktywnego pojemnika. Przechowywać w lodówce do 1 miesiąca.

KETCHUP PALEO

PRZYGOTOWANIE: 10 minut stać: 10 minut gotować: 20 minut chłodzić: 30 minut
przygotowuje: około 3½ filiżanki

½ szklanki rodzynek

1 28-uncjowa puszka przecieru pomidorowego bez dodatku soli

½ szklanki octu jabłkowego

1 mała cebula, posiekana

1 ząbek czosnku, posiekany

¼ łyżeczki mielonego ziela angielskiego

¼ łyżeczki mielonego cynamonu

⅛ łyżeczki mielonego buławy

⅛ łyżeczki mielonych goździków

⅛ łyżeczki pieprzu cayenne

⅛ łyżeczki czarnego pieprzu

1. W małej misce zalać rodzynki wrzątkiem. Odstaw na 10 minut; odpływ.

2. W średnim rondlu wymieszaj rodzynki, przecier pomidorowy, ocet, cebulę, czosnek, ziele angielskie, cynamon, gałkę muszkatołową, goździki, pieprz cayenne i czarny pieprz. Doprowadzić do wrzenia; zredukować ciepło. Gotuj na wolnym ogniu bez przykrycia przez 20 do 25 minut lub do momentu, aż cebula zmięknie, często mieszając, aby mieszanina się nie przypaliła. (Uważaj, mieszanina będzie się rozpryskiwać podczas gotowania.)

3. Zdejmij z ognia. Pozostaw do ostygnięcia na około 30 minut lub do momentu, gdy będzie lekko ciepły. Przenieś do blendera o dużej mocy* lub robota kuchennego. Przykryj i przetwarzaj lub mieszaj do pożądanej konsystencji.

4. Podziel pomiędzy dwa czyste szklane słoiki. Zużyć natychmiast lub zamrozić do 2 miesięcy. Przechowywać w lodówce do 1 miesiąca.

*Uwaga: Możesz użyć zwykłego blendera, ale konsystencja nie będzie tak gładka.

SOS GRILOWY

ZACZĄĆ KOŃCZYĆ: 45 minut to: około 4 filiżanek

2 funty dojrzałych pomidorów rzymskich, pokrojonych wzdłuż na ćwiartki i pozbawionych nasion

1 duża słodka cebula, pokrojona w cienkie kliny

1 czerwona słodka papryka, przekrojona na pół i pozbawiona nasion

2 papryczki poblano, przekrojone na pół i pozbawione nasion (zob wskazówka)

2 łyżeczki przyprawy do dymu (zob przepis)

2 łyżki oliwy z oliwek

½ szklanki świeżego soku pomarańczowego

⅓ szklanki rodzynek

3 łyżki octu jabłkowego

2 łyżki koncentratu pomidorowego

1 łyżka posiekanego czosnku

⅛ łyżeczki mielonych goździków

1. W bardzo dużej misce połącz pomidory, cebulę, słodką paprykę, papryczki poblano, przyprawę Smoky i oliwę z oliwek. Umieść warzywa w koszyku do grillowania. W przypadku grilla węglowego lub gazowego umieść kosz grillowy na ruszcie do grillowania bezpośrednio na średnim ogniu. Przykryj i grilluj przez 20 do 25 minut lub do miękkości i zwęglenia, od czasu do czasu mieszając; wyjąć z grilla i lekko ostudzić.

2. W małym rondelku podgrzej sok pomarańczowy, aż się zagotuje. Zdejmij rondel z ognia i dodaj rodzynki; odstaw na 10 minut.

3. W robocie kuchennym lub blenderze połącz grillowane warzywa, mieszankę rodzynek, ocet, koncentrat pomidorowy, czosnek i goździki. Przykryj i przetwarzaj lub mieszaj, aż będzie bardzo gładka, w razie potrzeby zeskrobując boki. Przenieś mieszankę warzywną do dużego rondla. Doprowadzić do wrzenia; gotować do pożądanej konsystencji.

SOS CHIMICHURRI

ZACZĄĆ KOŃCZYĆ:20 minut to: około 2 filiżanek

2 szklanki lekko upakowanej świeżej włoskiej (płaskiej) pietruszki

2 filiżanki lekko upakowanej kolendry

½ szklanki lekko upakowanej mięty

½ szklanki posiekanej szalotki

1 łyżka mielonego czosnku (6 ząbków)

⅓ szklanki octu z czerwonego wina

2 suszone niesiarkowane morele, drobno posiekane

⅛ łyżeczki mielonej czerwonej papryki

¾ szklanki oliwy z oliwek

1. W robocie kuchennym lub blenderze połącz wszystkie składniki. Przykryj i mieszaj lub przetwarzaj, aż składniki zostaną drobno posiekane i połączone, w razie potrzeby zeskrobując boki.

PALEO MAYO

PRZYGOTOWANIE: 45 minut stać: 45 minut daje: 3½ filiżanki

1 duże lub bardzo duże jajko

1 łyżka świeżego soku z cytryny lub białego octu winnego

½ łyżeczki suchej musztardy

1 szklanka orzecha włoskiego, awokado lub oliwy z oliwek w temperaturze pokojowej*

1. Pozostaw jajko w temperaturze pokojowej na 30 minut.

2. Wbij jajko do wysokiego, wąskiego szklanego słoika (słoik z szerokim otworem dobrze się sprawdza). Dodaj sok z cytryny i suchą musztardę.

3. Ostrożnie wlej olej. Niech jajko opadnie na dno słoika, pod olej.

4. Włóż blender zanurzeniowy i wepchnij go do samego dna słoika. Włącz zasilanie na wysokim poziomie i pozwól mu pracować przez 20 sekund bez poruszania nim. Majonez zacznie się formować i unosić do góry słoika. Powoli zacznij podnosić blender, aż dotrze do górnej części słoika. Użyj majonezu natychmiast lub przechowuj w lodówce do 1 tygodnia.

Paleo Aïoli (czosnkowy majonez): Dodaj 1 ząbek mielonego czosnku z sokiem z cytryny i musztardą w kroku 2.

Herbed Paleo Mayo: Złóż 2 łyżki posiekanych świeżych ziół w gotowy majonez. Dobry wybór to szczypiorek, pietruszka, estragon i bazylia – solo lub w dowolnej kombinacji.

Wasabi Paleo Mayo: Dodaj 1 łyżeczkę całkowicie naturalnego, niezawierającego konserwantów proszku wasabi z sokiem z cytryny i musztardą w kroku 2.

Chipotle Paleo Mayo: Dodaj 2 do 3 łyżeczek proszku chipotle z sokiem z cytryny i musztardą w kroku 2.

*Uwaga: jeśli użyjesz oliwy z oliwek z pierwszego tłoczenia, smak oliwek będzie widoczny w majonezie. Aby uzyskać łagodniejszy smak, użyj oleju z orzechów włoskich lub oleju z awokado.

MIESZANKI PRZYPRAW

TE WSZECHSTRONNE MIESZANKI SĄ CAŁKOWICIE WOLNE OD SOLI I OFERUJĄ SZEROKĄ GAMĘ SMAKÓW.

Przyprawa Cytrynowo-Ziołowa|przyprawa śródziemnomorska|przyprawa meksykańska|Wędzona przyprawa|Przyprawa Cajun|Jamajska przyprawa do Jerk

PRZYPRAWA CYTRYNOWO-ZIOŁOWA

ZACZĄĆ KOŃCZYĆ: 5 minut to: około ½ szklanki

6 łyżek suszonej skórki z cytryny

1 łyżka ziół prowansalskich

2 łyżeczki cebuli w proszku

1 łyżeczka czarnego pieprzu

1. W małej misce wymieszaj skórkę z cytryny, zioła prowansalskie, cebulę w proszku i pieprz. Przechowywać w szczelnym pojemniku w temperaturze pokojowej do 6 miesięcy. Przed użyciem wymieszać lub wstrząsnąć.

PRZYPRAWA ŚRÓDZIEMNOMORSKA

ZACZĄĆ KOŃCZYĆ: 10 minut to: około ⅓ szklanki

- 2 łyżeczki nasion kopru włoskiego
- 1 łyżeczka suszonego rozmarynu
- 1 łyżka suszonego oregano
- 1 łyżka suszonego tymianku
- 2 łyżeczki czosnku granulowanego bez konserwantów
- 1 łyżeczka suszonej skórki z cytryny

1. Na suchej małej patelni prażymy nasiona kopru włoskiego na średnim ogniu przez 1 do 2 minut lub do uzyskania aromatu, od czasu do czasu potrząsając patelnią. Zdjąć z ognia; schłodzić około 2 minut. Przenieś nasiona do młynka do przypraw; zmielić na proszek. Dodaj rozmaryn; miel, aż rozmaryn zostanie grubo zmielony. Przenieś koper włoski i rozmaryn do małej miski. Wymieszaj z oregano, tymiankiem, czosnkiem i skórką z cytryny. Przechowywać w szczelnym pojemniku w temperaturze pokojowej do 6 miesięcy. Przed użyciem wymieszać lub wstrząsnąć.

PRZYPRAWA MEKSYKAŃSKA

ZACZĄĆ KOŃCZYĆ: 5 minut to: około ¼ szklanki

1 łyżka nasion kminku

4 łyżeczki papryki

1 łyżka czosnku granulowanego bez konserwantów

1 łyżeczka suszonego oregano

½ do 1 łyżeczki mielonego pieprzu chipotle lub pieprzu cayenne (opcjonalnie)

½ łyżeczki mielonego cynamonu

¼ łyżeczki mielonego szafranu

1. Na suchej małej patelni prażymy nasiona kminku na średnim ogniu przez 1 do 2 minut lub do uzyskania aromatu, od czasu do czasu potrząsając patelnią. Zdjąć z ognia; schłodzić około 2 minut. Przenieś nasiona do młynka do przypraw; zmiel kminek. Przenieś kminek do małej miski. Wymieszaj z papryką, czosnkiem, oregano, pieprzem chipotle (jeśli używasz), cynamonem i szafranem. Przechowywać w szczelnym pojemniku w temperaturze pokojowej do 6 miesięcy. Przed użyciem wymieszać lub wstrząsnąć.

WĘDZONA PRZYPRAWA

ZACZĄĆ KOŃCZYĆ: 5 minut to: około ½ szklanki

¼ szklanki wędzonej papryki

4 łyżeczki suszonej skórki pomarańczowej

2 łyżeczki czosnku w proszku

1 łyżeczka cebuli w proszku

1 łyżeczka mielonych goździków

1 łyżeczka suszonej bazylii

1. W małej misce wymieszaj wędzoną paprykę, skórkę pomarańczową, czosnek w proszku, cebulę w proszku, goździki i suszoną bazylię. Przechowywać w szczelnym pojemniku w temperaturze pokojowej do 6 miesięcy. Przed użyciem wymieszać lub wstrząsnąć.

PRZYPRAWA CAJUN

ZACZĄĆ KOŃCZYĆ: 5 minut to: około ⅓ szklanki

2 łyżki papryki

1 łyżka czosnku w proszku

1 łyżka cebuli w proszku

2 łyżeczki suszonego tymianku, posiekanego

2 łyżeczki białego pieprzu

1½ łyżeczki czarnego pieprzu

1 łyżeczka pieprzu kajeńskiego

1 łyżeczka suszonego oregano, rozgniecionego

1. W małej misce połącz paprykę, czosnek w proszku, cebulę w proszku, tymianek, biały pieprz, czarny pieprz, pieprz cayenne i oregano. Przechowywać w hermetycznym pojemniku do 6 miesięcy. Przed użyciem wymieszać lub wstrząsnąć.

JAMAJSKA PRZYPRAWA DO JERK

ZACZĄĆ KOŃCZYĆ: 5 minut to: około ¼ szklanki

1 łyżka cebuli w proszku

1 łyżka suszonego tymianku, posiekanego

1½ łyżeczki mielonego ziela angielskiego

1 łyżeczka czarnego pieprzu

½ łyżeczki mielonej gałki muszkatołowej

½ łyżeczki mielonego cynamonu

½ łyżeczki mielonych goździków

¼ łyżeczki pieprzu cayenne

1. W małej misce wymieszaj cebulę w proszku, tymianek, ziele angielskie, czarny pieprz, gałkę muszkatołową, cynamon, goździki i pieprz cayenne. Przechowywać w szczelnym pojemniku w chłodnym, suchym miejscu do 6 miesięcy. Przed użyciem wymieszać lub wstrząsnąć.

SALSA CYTRUSOWO-KOPERKOWA

ZACZĄĆ KOŃCZYĆ: 20 minut to: około 3½ filiżanki

1 szklanka kawałków pomarańczy* lub pokrojonych kumkwatów (2 małe pomarańcze)

1 szklanka segmentów czerwonego grejpfruta* (1 do 2 małych grejpfrutów)

¾ szklanki ogolonego kopru włoskiego** (około ½ główki)

½ szklanki pestek granatu lub pokrojonej w kostkę słodkiej czerwonej papryki

¼ szklanki posiekanego świeżego estragonu lub bazylii

¼ szklanki posiekanej świeżej pietruszki

¼ łyżeczki czarnego pieprzu

1. W dużej misce delikatnie wymieszaj pomarańczę, grejpfruta, koper włoski, pestki granatu, estragon, pietruszkę i pieprz, aż się połączą. Podawaj salsę z gotowaną lub grillowaną rybą, owocami morza lub kurczakiem.

*Wskazówka: Aby podzielić cytrusy, odetnij górę i dół całego owocu. Połóż przekrojoną stronę na desce do krojenia i za pomocą noża odetnij skórkę, podążając za naturalną krzywizną owocu. Po usunięciu skórki przytrzymaj owoc nad miską i pokrój po obu stronach błon, aby uwolnić segmenty do miski. Po wyjęciu segmentów ściśnij membranę nad miską, aby wydobyć sok. Wyrzucić membranę.

**Wskazówka: Aby ogolić koper włoski, odetnij łodygi główki kopru włoskiego i przekrój ją na pół od góry do dołu. Wytnij trójkątny rdzeń. Używając mandoliny lub bardzo ostrego noża szefa kuchni, pokrój koper włoski tak cienko, jak to możliwe.

CHRUPIĄCA SALSA Z AWOKADO

ZACZĄĆ KOŃCZYĆ: 20 minut daje: około 1½ filiżanki

- ½ łyżeczki drobno startej skórki z limonki
- 2 łyżki świeżego soku z limonki
- 1 łyżka oleju z awokado lub oliwy z oliwek
- ¼ łyżeczki mielonego kminku (opcjonalnie)
- ¼ łyżeczki mielonej kolendry (opcjonalnie)
- 1 awokado, obrane, pozbawione nasion i pokrojone w kostkę*
- ½ szklanki ogórka angielskiego z pestkami i pokrojonego w kostkę
- ½ szklanki pokrojonych w kostkę czerwonych rzodkiewek
- ¼ szklanki cienko pokrojonej szalotki
- ¼ szklanki posiekanej świeżej kolendry
- ½ do 1 jalapeño lub serrano chile, wypestkowanych i posiekanych (zob wskazówka)

1. W średniej misce wymieszaj skórkę z limonki, sok z limonki, olej i ewentualnie kminek i kolendrę. Dodaj awokado, ogórek, rzodkiewkę, dymkę, kolendrę i chili. Delikatnie mieszaj, aż do równomiernego pokrycia i połączenia.

*Wskazówka: Aby zgrabnie pokroić awokado w kostkę, przekrój na pół i wydrąż owoc. Używając małego noża do parowania, pokrój poprzeczne linie w miąższu każdej połówki aż do skóry, aby utworzyć małe kwadraty. Za pomocą łyżki delikatnie nabierz pokrojone mięso do miski. Powinieneś mieć małe kostki awokado.

SŁODKA SALSA CEBULOWO-OGÓRKOWA Z MIĘTĄ I TAJSKIM CHILI

PRZYGOTOWANIE: 20 minut schładzania: 2 godziny to: około 1½ filiżanki

½ ogórka bez pestek, drobno posiekanego

1 mała słodka cebula, drobno posiekana

1 lub 2 świeże tajskie papryczki chilli, posiekane (zob <u>wskazówka</u>) lub suszone tajskie papryczki chilli, rozgniecione

¼ szklanki posiekanej świeżej mięty

½ łyżeczki drobno startej skórki z limonki

2 łyżki świeżego soku z limonki

2 łyżki posiekanej świeżej kolendry

½ łyżeczki mielonej kolendry

1. W średniej misce wymieszaj ogórek, cebulę, chilli, miętę, skórkę z limonki, sok z limonki, kolendrę i kolendrę. Delikatnie wymieszać do połączenia.

2. Przykryć i schłodzić przez co najmniej 2 godziny przed podaniem.

SALSA VERDE Z GRILLOWANYM ANANASEM

PRZYGOTOWANIE: 15 minut grill: 5 minut to: 4 filiżanki

½ obranego i pozbawionego gniazd nasiennych świeżego ananasa

10 świeżych średnich pomidorów, obranych z łusek i przekrojonych na pół

½ szklanki posiekanej zielonej lub czerwonej słodkiej papryki

¼ szklanki posiekanej świeżej kolendry

3 łyżki posiekanej czerwonej cebuli

2 łyżki świeżego soku z limonki

1 papryczka jalapeño, pozbawiona nasion i posiekana (zob wskazówka)

1. Pokrój ananasa na półcalowe plastry. W przypadku grilla węglowego lub gazowego umieść ananasa na ruszcie do grillowania bezpośrednio na średnim ogniu. Przykryj i grilluj przez 5 do 7 minut lub do momentu, aż ananas będzie lekko zwęglony, obracając raz w połowie grillowania. Całkowicie schłodzić ananasa. Posiekaj ananasa; odmierz 1½ filiżanki, rezerwując nadmiar na inny użytek.

2. Drobno posiekaj pomidory w robocie kuchennym wyposażonym w ostrze do siekania. Umieść posiekane pomidory w średniej misce. Wymieszaj słodką paprykę, kolendrę, cebulę, sok z limonki i jalapeño. Dodaj 1½

szklanki grillowanego ananasa. Przykryć i schłodzić do 3 dni.

RUBINOWA SALSA Z CZERWONYCH BURAKÓW

PRZYGOTOWANIE: 20 minut pieczenie: 45 minut chłodzenie: 1 godzina chłodzenie: 1 godzina daje: około 5 filiżanek salsy

1,5 funta małych buraków

2 łyżeczki oliwy z oliwek

1 rubinowy grejpfrut lub 2 krwiste pomarańcze, pokrojone w plasterki (zob wskazówka) i posiekane

½ szklanki pestek granatu

1 mała szalotka, drobno posiekana

1 papryczka serrano, pozbawiona nasion i drobno posiekana (zob wskazówka)

½ szklanki posiekanej świeżej kolendry

1. Rozgrzej piekarnik do 400°F. Odetnij czubki i końcówki buraków; umieść na środku dużego kawałka folii. Skropić oliwą z oliwek. Podnieś końce folii i złóż, aby związać. Piecz przez 45 do 50 minut lub do miękkości. Całkowicie ostudzić. Buraki obrać i drobno posiekać.

2. W średniej misce połącz posiekane buraki, grejpfruta, pestki granatu, szalotkę, kolendrę i chili serrano. Schłodzić przez co najmniej 1 godzinę przed podaniem.

KREMY I MASŁA

CHOCIAŻ DIETA PALEO® NIE OBEJMUJE PRODUKTÓW MLECZNYCH, ZDARZAJĄ SIĘ SYTUACJE, W KTÓRYCH ODROBINA CZEGOŚ CHŁODNEGO I KREMOWEGO DODAJE DUŻO DO PRZEPISU. ROZWIĄZANIEM JEST KREM Z ORZECHÓW NERKOWCA. JEST WYTWARZANY PRZEZ NAMOCZENIE SUROWYCH, NIESOLONYCH ORZECHÓW NERKOWCA W WODZIE – NAJLEPIEJ PRZEZ NOC – I ZMIKSOWANIE ICH ZE ŚWIEŻĄ WODĄ W BLENDERZE, AŻ BĘDĄ BARDZO GŁADKIE. REZULTAT JEST NIESAMOWICIE WSZECHSTRONNY. MOŻNA GO PODAWAĆ Z LIMONKĄ I KOLENDRĄ I SKROPIĆ TACOS LUB WYMIESZAĆ Z CYNAMONEM I EKSTRAKTEM WANILIOWYM I STOSOWAĆ JAKO DODATEK DO CIEPŁYCH PIECZONYCH OWOCÓW. MASŁO Z ORZESZKÓW PINIOWYCH JEST DOBRYM ZAMIENNIKIEM TAHINI W DRESSINGACH I SOSACH.

Krem z orzechów nerkowca|Masło z Orzechów Sosny

KREM Z ORZECHÓW NERKOWCA

PRZYGOTOWANIE: 5 minut odstania: 4 godziny na całą noc daje: około 2 filiżanek

1 szklanka surowych, niesolonych orzechów nerkowca

Woda

1. Opłucz nerkowce; odcedzić i przełożyć do miski lub słoika. Dodaj tyle wody, aby pokryć około 1 cala. Przykryć i odstawić w temperaturze pokojowej na co najmniej 4 godziny, a najlepiej na całą noc.

2. Odcedź nerkowce; spłukać pod zimną wodą. Umieść orzechy nerkowca w blenderze dużej mocy* i dodaj 1 szklankę wody; zmiksuj, aż będzie gładkie, zeskrobując boki.

3. Przechowuj krem z orzechów nerkowca w szczelnym pojemniku w lodówce do 1 tygodnia.

*Uwaga: Możesz użyć zwykłego blendera i zmiksować na wysokich obrotach; konsystencja kremu nie będzie tak gładka.

MASŁO Z ORZECHÓW SOSNY

OD POCZĄTKU DO KOŃCA: 10 MINUT TO: 1 SZKLANKA

2 szklanki orzeszków piniowych

3 łyżki oleju z awokado

1. Na dużej patelni prażymy orzeszki piniowe na średnim ogniu przez 5 do 8 minut lub do uzyskania złotego koloru, często mieszając. Lekko ostudzić. Umieść orzechy i olej w blenderze o dużej mocy. Przetwarzaj, aż będzie gładkie. Przechowywać w szczelnym pojemniku w lodówce do 2 tygodni.

CHIPSY JABŁKOWE W CZEKOLADZIE

PRZYGOTOWANIE:15 minut piec: 2 godziny stać: 1 godzina 30 minut wychodzi: 6 do 8 porcji

WYSOKO PRZETWORZONA CZEKOLADA NAŁADOWANA CUKREMNIE JEST SKŁADNIKIEM PALEO. ALE CZEKOLADA ZROBIONA TYLKO Z ZIAREN KAKAOWCA I WANILII JEST JAK NAJBARDZIEJ DO ZAAKCEPTOWANIA. NATURALNA SŁODYCZ OWOCÓW W POŁĄCZENIU Z BOGATYM SMAKIEM CZEKOLADY SPRAWIA, ŻE TE CHRUPIĄCE, CIENKIE JAK PAPIER CHIPSY TO PRAWDZIWA UCZTA.

2 jabłka Honeycrisp lub Fuji, bez gniazd nasiennych*

3 uncje niesłodzonej czekolady, takiej jak Scharffen Berger 99% kakao, posiekana

½ łyżeczki nierafinowanego oleju kokosowego

¼ szklanki drobno posiekanych orzechów włoskich lub pekan, uprażonych (zob wskazówka)

1. Rozgrzej piekarnik do 225°F. Wyłóż dwie duże blachy do pieczenia pergaminem; odłożyć na bok. Za pomocą mandoliny pokrój jabłka w cienkie plasterki w poprzek. Połóż plasterki jabłka w jednej warstwie na przygotowanych arkuszach. (W sumie powinno wyjść około 24 plasterków.) Piecz plasterki jabłka przez 2 godziny, obracając raz w połowie pieczenia. Wyłącz piekarnik; pozostaw plasterki jabłek w piekarniku na 30 minut.

2. W małym rondelku podgrzej czekoladę i olej kokosowy na małym ogniu, ciągle mieszając, aż do uzyskania gładkiej konsystencji. Plasterki jabłek polać roztopioną czekoladą. Posypać orzechami. Odstawić w temperaturze pokojowej na około 1 godzinę lub do zastygnięcia czekolady.

*Wskazówka: możesz wyciąć rdzeń za pomocą noża do parowania, ale wydrążacz do jabłek znacznie ułatwia tę pracę.

CHUNKY SOS JABŁKOWY W STYLU CHUTNEY

PRZYGOTOWANIE: 15 minut gotować: 15 minut chłodzić: 5 minut to: 4 porcje

WYMIENIONE PONIŻEJ ODMIANY JABŁEK SĄ ZWYKLE DOŚĆ SŁODKIE ZAMIAST CIERPKICH I SĄ UWAŻANE ZA DOBRE JABŁKA W SOSIE. JEŚLI CHCESZ, MOŻESZ ZASTĄPIĆ CYDR JABŁKOWY I WODĘ ¾ SZKLANKI ZIELONEJ HERBATY.

- 5 jabłek (takich jak Jonathon, Fuji, McIntosh, Braeburn i/lub Yellow Delicious)
- ½ szklanki cydru jabłkowego
- ¼ szklanki wody
- 2 gwiazdki anyżu
- 3 szklanki rodzynek
- 1 łyżka octu balsamicznego
- ½ łyżeczki przyprawy do szarlotki
- ¼ szklanki posiekanych orzechów włoskich lub pekan, uprażonych (zob wskazówka)
- ¼ łyżeczki czystego ekstraktu waniliowego

1. Jabłka obrać i wydrążyć gniazda nasienne; pokroić w 1-calowe kawałki. W dużym rondlu połącz kawałki jabłek, cydr, wodę i anyż gwiazdkowaty. Doprowadzić do wrzenia na średnim ogniu, często mieszając. Zmniejsz ciepło do niskiego poziomu. Przykryj i gotuj przez 10 minut. Dodaj rodzynki, ocet i przyprawę do ciasta.

Przykryj i gotuj jeszcze przez 5 do 10 minut, aż jabłka będą miękkie. Zdjąć z ognia. Odkryć i ostudzić przez 5 minut.

2. Usuń anyż gwiaździsty z mieszanki jabłek. Za pomocą tłuczka do ziemniaków rozgnieść do pożądanej konsystencji. Wymieszaj orzechy i wanilię. Podawaj jabłko na ciepło lub przykryj i przechowuj w lodówce do 5 dni.

KRUSZONKA Z PIECZONEJ GRUSZKI

PRZYGOTOWANIE: 20 minut pieczenia: 15 minut to: 4 porcje

TEN JESIENNY DESER TO MIESZANKA TEKSTURY I TEMPERATURY. CIEPŁE I DELIKATNE GRUSZKI PIECZONE W PIEKARNIKU SĄ POLANE CHŁODNYM KREMEM Z ORZECHÓW NERKOWCA Z DODATKIEM POMARAŃCZY I WANILII, A NA KONIEC POSYPANE CHRUPIĄCYMI ORZECHAMI.

- 2 dojrzałe, jędrne gruszki Anjou lub Bartlett, przekrojone na pół i pozbawione gniazd nasiennych
- 2 łyżeczki oleju kokosowego lub oleju z orzechów włoskich
- 1 łyżka oleju kokosowego lub oleju z orzechów włoskich
- ¼ szklanki niesolonych całych migdałów, grubo posiekanych
- ¼ szklanki niesolonej pepity
- ¼ szklanki wiórków kokosowych
- ¼ łyżeczki świeżo startej gałki muszkatołowej
- ¼ szklanki kremu z orzechów nerkowca (zob przepis)
- ½ łyżeczki drobno startej skórki pomarańczowej
- ¼ łyżeczki czystego ekstraktu waniliowego
- Świeżo starta gałka muszkatołowa

1. Rozgrzej piekarnik do 375°F. Umieść gruszki, przecięciem do góry, na blasze do pieczenia; skropić 2 łyżkami oleju. Piec około 15 minut lub do miękkości. Niech ostygnie.

2. W międzyczasie, na kruszonkę orzechową, na średniej patelni rozgrzej 1 łyżkę oleju na średnim ogniu. Dodaj migdały i pepitę; gotować i mieszać przez 2 minuty. Dodaj kokos; gotuj i mieszaj przez 1 minutę lub do momentu, aż orzechy i kokos się zrumienią. Posypać ¼ łyżeczki gałki muszkatołowej; wymieszać i ostudzić.

3. Na sos w małej misce połącz śmietankę z orzechów nerkowca, skórkę pomarańczową i wanilię. Umieść gruszki na osobnych talerzach do serwowania. Posyp dodatkową gałką muszkatołową. Gruszki skropić sosem i posypać kruszonką orzechową.

GOTOWANE GRUSZKI Z ZIELONĄ HERBATĄ I IMBIREM Z PUREE Z POMARAŃCZY I MANGO

PRZYGOTOWANIE: 30 minut gotowania: 10 minut sprawia, że: 8 porcji

TEN PRZEPIS JEST DOBRYM PRZYKŁADEM TAKIEGO, W KTÓRYM NAJLEPSZE EFEKTY UZYSKASZ UŻYWAJĄC WYSOKOWYDAJNEGO BLENDERA. ZWYKŁY BLENDER BĘDZIE DZIAŁAŁ DOBRZE, ALE WYSOKOWYDAJNY BLENDER SPRAWI, ŻE SOS POMARAŃCZOWO-MANGO BĘDZIE GŁADKI JAK JEDWAB.

- 2 szklanki świeżego soku pomarańczowego
- 2 szklanki wody
- 2 łyżki sypkich liści zielonej herbaty lub 3 torebki zielonej herbaty
- 4 średnie gruszki Bosc lub Anjou, przekrojone wzdłuż na pół i pozbawione gniazd nasiennych
- 2 łyżki posiekanego świeżego imbiru
- 2 łyżeczki drobno startej skórki pomarańczowej
- 2 mango, obrane, pozbawione nasion i posiekane
- Posiekana świeża mięta

1. W średnim rondlu połącz sok pomarańczowy z wodą. Doprowadzić do wrzenia. Zdjąć z ognia. Dodaj zieloną herbatę. Niech strome przez 8 minut. Odcedź mieszaninę i wróć do rondla. Dodaj połówki gruszek, imbir i 1 łyżeczkę

skórki pomarańczowej. Ponownie doprowadzić mieszaninę do wrzenia; zredukować ciepło. Gotuj bez przykrycia przez około 10 minut lub tylko do momentu, aż gruszki będą miękkie. Łyżką cedzakową wyjąć gruszki, zachowując płyn z gotowania. Pozostaw gruszki i płyn do ostygnięcia do temperatury pokojowej.

2. W robocie kuchennym lub blenderze połącz mango, 2 łyżki płynu do gotowania i pozostałą 1 łyżeczkę skórki pomarańczowej. Przykryj i przetwarzaj lub mieszaj do uzyskania gładkości, dodając więcej płynu do gotowania, po 1 łyżce stołowej na raz, w razie potrzeby do uzyskania pożądanej konsystencji.

3. Umieść 1 połówkę gruszki na każdym z ośmiu talerzy do serwowania; łyżką trochę puree z mango na każdą porcję. Posypać posiekaną świeżą miętą.

PERSYMONY Z SOSEM CYNAMONOWO-GRSZKOWYM

PRZYGOTOWANIE: 20 minut gotować: 10 minut to: 4 porcje

PERSIMMONS SĄ NA OGÓŁ W SEZONIE OD PAŹDZIERNIKA DO LUTEGO, W ZALEŻNOŚCI OD MIEJSCA ZAMIESZKANIA. PAMIĘTAJ, ABY KUPIĆ FUYU - NIE HACHIYA - PERSYMONY. SKÓRKI PERSIMMON FUYU MOGĄ BYĆ TWARDE. JEŚLI TAK, PO PROSTU OBIERZ JE ZA POMOCĄ OBIERACZKI DO WARZYW.

2 dojrzałe gruszki Bartlett, obrane, pozbawione gniazd nasiennych i posiekane

⅓ szklanki wody

1 łyżeczka świeżego soku z cytryny

½ łyżeczki mielonego cynamonu

1 cała laska wanilii

3 dojrzałe persymony Fuyu

⅓ szklanki posiekanych orzechów włoskich, prażonych (patrz wskazówka)

⅓ szklanki soku jabłkowego słodzonego suszoną żurawiną lub porzeczką

1. W małym rondlu połącz gruszki, wodę, sok z cytryny i cynamon; odłożyć na bok.

2. Laskę wanilii przekrój wzdłuż na pół. Zachowaj połowę do innego użytku. Używając grzbietu noża do parowania, zeskrob nasiona z pozostałej połowy laski wanilii i dodaj do mieszanki gruszek.

3. Gotuj mieszankę gruszek na średnim ogniu przez 10 do 15 minut lub do momentu, aż gruszki będą bardzo miękkie, od czasu do czasu mieszając. (Czas gotowania będzie zależał od stopnia dojrzałości gruszek.) Za pomocą blendera zanurzeniowego zmiksuj miksturę w rondlu na gładką masę. (Jeśli nie masz blendera zanurzeniowego, przenieś miksturę do zwykłego blendera; przykryj i mieszaj, aż będzie gładka.) Przenieś do miski; przykryć i schłodzić do całkowitego ostygnięcia.

4. Aby przygotować persymony, odetnij i wyrzuć końcówki łodyg. Przekrój na pół poziomo i usuń nasiona. Pokrój persymony na ½-calowe kawałki.

5. Aby podać, podziel puree gruszkowe na cztery miski. Udekoruj persimmonami, orzechami włoskimi i żurawiną.

GRILLOWANY ANANAS Z KREMEM KOKOSOWYM

CHŁOD: 24 godziny przygotowanie: 20 minut grill: 6 minut przygotowanie: 4 porcje

MUSISZ PLANOWAĆ Z WYPRZEDZENIEM TROCHĘ PRZED ZROBIENIEM TEGO PROSTEGO DESERU OWOCOWEGO. SCHŁODZENIE PUSZKI MLEKA KOKOSOWEGO DO GÓRY DNEM W LODÓWCE PRZEZ NOC POZWALA NA ZESTALENIE SIĘ STAŁYCH SKŁADNIKÓW MLEKA KOKOSOWEGO, DZIĘKI CZEMU MOŻNA JE UBIĆ MIKSEREM ELEKTRYCZNYM, AŻ BĘDĄ LEKKIE I PUSZYSTE.

1 13,5-uncjowa puszka naturalnego pełnotłustego mleka kokosowego (takiego jak Nature's Way)

1 ananas, obrany, pozbawiony rdzenia i pokrojony na cztery 1-calowe pierścienie

Świeży sok z limonki

Posiekana świeża mięta i gałązki mięty (opcjonalnie)

1. Przechowuj puszkę mleka kokosowego do góry dnem w lodówce przez co najmniej 1 dzień przed planowanym podaniem tego dania.

2. W przypadku grilla węglowego lub gazowego umieść krążki ananasa na ruszcie do grillowania bezpośrednio na średnim ogniu. Grilluj przez 6 do 8 minut lub do lekkiego zwęglenia, obracając raz w połowie pieczenia. Ananasa przełożyć na talerz. Skrop sokiem z limonki ananasa.

3. W przypadku kremu kokosowego odwróć schłodzoną puszkę mleka kokosowego właściwą stroną do góry i otwórz puszkę. Odlej płynną porcję mleka kokosowego, zachowując je do koktajli lub sosów. Przenieś stałe mleko kokosowe do głębokiej miski do mieszania. Ubijaj mikserem elektrycznym na średnich obrotach, aż masa będzie jasna i puszysta, około 5 do 6 minut. Ananasa podawaj z łyżką kremu kokosowego. W razie potrzeby posyp posiekaną świeżą miętą i udekoruj gałązkami świeżej mięty.

www.ingramcontent.com/pod-product-compliance
Lightning Source LLC
Chambersburg PA
CBHW070410120526
44590CB00014B/1338